Théorème de la couche-culotte

Illustrations de couverture et intérieures : © Matthieu Chiara.
Les chroniques du recueil ont été initialement publiées dans *Le Monde*.

www.anamosa.fr

Nicolas Santolaria

THÉORÈME DE LA COUCHE-CULOTTE

DE L'ÉDUCATION COMME SCIENCE INEXACTE

Suivi de

Journal d'un parent confiné, puis déconfiné

POSTFACE DE **MARCEL RUFO**

ILLUSTRATIONS DE **MATTHIEU CHIARA**

anamosa

À mes grands-parents.

À mes parents.

À ma femme
et mes deux fils.

À ma sœur,
mon beau-frère
et leur fils.

Et à tous ceux qui,
dans l'amour des enfants,
ont eu un jour à plier
une couche-culotte.

SOMMAIRE

MARIUS, NE SERAIT-IL PAS PLUS RAISONNABLE QUE NOUS DISCUTIONS DES ÉMOTIONS QUI BOULEVERSENT TON ÊTRE INTÉRIEUR ?
YAAAAH

J'VAIS À LA MACHINE À CAFÉ, J'TE RAPPORTE QUELQUE CHOSE, COLLÈGUE ?

ILS SONT PAS CROYABLES !

MARC-AURÈLE, ACCEPTERAIS-TU, SANS VOULOIR T'OFFENSER, PAR LA PRÉSENTE, DE FINIR TON STEAK DE SOJA BIOLOGIQUE POUR LE BIEN-ÊTRE DE TON ORGANISME ADORÉ ?

QUAND EST-CE QU'ON ARRIVE ?
QUAND EST-CE QU'ON ARRIVE ?
QUAND EST-CE QU'ON ARRIVE ?

INTRODUCTION

« Maman, tu peux me dire c'est quand la récré ?
Mais vous n'avez pas encore commencé à travailler ! »
Ma femme, confrontée aux affres de l'école à distance

Je me souviens que quand j'étais petit, mes parents répétaient souvent cette formule, qui avait le don de m'agacer : « De toute façon, quoiqu'on fasse, on aura raté votre éducation. » En entendant cela, j'avais l'impression que ma sœur et moi étions des produits imparfaits, que l'on aurait conçu un peu par-dessus la jambe. Ce que j'ai pu percevoir à l'époque comme une sorte de défaitisme difficilement explicable de la part de nos géniteurs, m'est apparu sous un tout autre jour lorsque j'ai eu à éduquer des enfants à mon tour. En l'occurrence deux adorables garçons de 6 et 9 ans, que je chéris de tout mon cœur, même s'ils viennent encore aujourd'hui de ruiner la table du petit-déjeuner en renversant (sans faire exprès, bien entendu) leurs bols respectifs de lait d'avoine et de lait sans lactose – oui, nous sommes peut-être un peu bobos.

Au début, pétri de verticalité éducative, je n'aurais jamais imaginé que ces deux mini-mentors allaient radicalement bouleverser ma vision de l'existence. Mais ceux qui sont passés par là savent de quoi je parle : la parentalité, néologisme en vogue signifiant qu'on a les mains dans le cambouis, est une expérience relativiste proche de Koh-Lanta, qui à la fois vous lessive l'ego comme une pluie tropicale et reconfigure en profondeur la grille de vos priorités. À peine sorti de la maternité avec un couffin sous le bras, votre vie change du tout au tout. Vos amis, avec qui vous vidiez des pintes la veille dans l'insouciance d'un soir d'été, vous voient désormais le plus souvent avec des poches sous les yeux, des traces de régurgitation sur l'épaule, trimbalant de petits paquets malodorants à la main, auxquels vous ne prêtez même plus attention. Avec votre tee-shirt « Super Papa », vous êtes à deux doigts de devenir infréquentable.

La couche-culotte devient à ce moment précis la matérialisation du théorème qui va régir votre existence pour les années à venir. Avec une aisance déconcertante, la sage-femme vous a pourtant montré à la maternité comment réaliser le pliage, mais une fois chez vous, cet objet antifuite narquois, face auquel vous vous retrouvez totalement désarmé, renvoie comme en miroir l'image de votre totale incompétence éducative. Vous voilà au premier jour d'un nouveau monde où vous avez tout à réapprendre, aspiré par un vortex spatio-temporel et intestinal aux couleurs parfois improbables. Même si l'éducation est une réalité millénaire, la couche-culotte vous fait comprendre qu'il va falloir, à votre tour, comme des milliers de parents avant vous, en réinterpréter les modalités, pour les mettre à votre main. Car s'il y a bien une façon axiomatique de plier une couche-culotte, il existe dans les faits des centaines de manières d'exprimer ce théorème, chaque parent revisitant selon sa personnalité, par de micro-variations, ce rituel essentiel.

Alors qu'il vous paraissait au départ insurmontable, l'exercice va progressivement devenir l'étalon de votre nouvelle condition, en même temps qu'une gymnastique d'oubli de soi. Là où vous aviez peur, le premier jour, de manipuler le bébé et de le casser, vous vous rendrez compte au bout d'un moment que vous êtes capable de changer une couche dans la demi-pénombre, à trois heures du matin, après une magistrale explosion de caca. Vous n'en avez pas forcément conscience au départ, mais cet exercice d'origami va vous transformer en profondeur, ces plis et replis incessants faisant apparaître, comme par enchantement, une personne nouvelle. Tel est le double effet du Théorème de la couche-culotte, émergence conjointe de l'enfant et du parent.

À force de nuits sans sommeil et de soins essentiels apportés à ce petit être néoténique qui ne peut pas faire grand-chose par lui-même, à part peut-être crier, le lien narcissique qui vous liait à votre propre nombril se distend progressivement. Sans même l'avoir décidé, vous apprenez à ne plus vivre pour vous-même, à ne plus être le centre étincelant de votre galaxie intime, dans laquelle vous n'occupez plus qu'un strapontin périphérique sur lequel vous tentez de grappiller quelques minutes de sommeil. De toute façon, soyons clair, vous ne ressemblez plus vraiment à Leonardo di Caprio, mais, cheveux ébouriffés et tee-shirt informe, plutôt à Gérard Darmon un lendemain de nuit blanche. Nourrir, laver, hydrater, habiller, changer, re-changer, re-laver, re-nourrir : votre quotidien n'est qu'une litanie épuisante de tâches sans gloire apparente et pourtant essentielles, au milieu desquelles vous tentez à grand-peine de surnager psychiquement. La dernière fois que vous avez fait l'amour ? Vous ne vous en souvenez pas, et d'ailleurs vous avez une purée de panais et de jambon à mixer.

Curieusement, cette nouvelle situation, que vous auriez jugée insupportable si on vous l'avait décrite au préalable par le menu, vous procure un sentiment incomparable d'exotisme existentiel. Viatique d'une aventure presque immobile, l'enfant vous propulse ailleurs, alors que vous passez pourtant le plus clair de vos journées entre les quatre murs de votre appartement et les grilles du parc où, d'un air hagard, vous remuez une poussette compacte en fredonnant une comptine approximative. Surtout, mon Dieu, faites qu'il continue sa sieste... La vertu fondamentale de tout cela, c'est que vous mesurez très concrètement tous les efforts que vos parents ont faits pour que vous puissiez être là, et tous les efforts qu'ont faits leurs propres parents avant eux, et ainsi de suite, pour que la chaîne de la vie parvienne jusqu'à vous. Et qu'il vous soit donné de poster des photos de mini-pieds avec des mini-Nike sur Pinterest. Soudain, vous vous sentez infiniment reconnaissants envers eux (merci papa et maman, je vous aime). Tout en vous découvrant une force nouvelle qui vous permet d'enquiller des journées de dix-huit heures sans broncher, vous comprenez vite que vous aussi, vous allez « rater » l'éducation de vos enfants. Car même avec une énergie de Stakhanov de la turbulette, vous n'êtes pas une machine, et il est clair que vous vous lancez dans cette folle entreprise avec un pied d'appel embourbé dans vos propres marécages intimes. En conséquence, ce que vous voudrez transmettre à votre progéniture de tout votre cœur sera bien souvent compris de traviole, et ce qui vous semblera dispensable passera pour un oubli impardonnable. Oui, vous ferez des erreurs, oui il vous arrivera de crier exagérément fort, voire de couver un peu trop amoureusement votre smartphone alors que votre nouveau-né implore de l'attention. Non, vous ne serez pas forcément cette personne qui réussit à fabriquer un moulin avec des résidus de cagette et hypnotise sa progéniture en lisant les contes de Grimm avec la voix de Philippe Noiret (d'ailleurs, vous n'avez pas le temps, car ce soir il y a PSG/OM). Parce que la vie réelle ne ressemble pas à un fil Instagram, vous serez donc forcément un parent imparfait, et c'est bien de vous l'avouer dès le départ, histoire de relâcher un peu la pression.

Alors que la parentalité réussie est aujourd'hui devenue le nouvel étalon à partir duquel les êtres humains sont évalués (avec le nombre de pas effectués et de fruits et légumes ingurgités), sachez qu'il est inutile de vous flageller si la chambre de vos enfants n'est pas constellée de jouets en bois éco-certifiés et que vous venez de hurler un « PUTAIN DE BORDEL DE MERDE » tonitruant parce qu'on vous interrompait pour la 150e fois lors votre journée de télétravail (« Non, je ne sais pas où est passé ton tambour connecté ! »). Vecteur d'une nouvelle pression, l'injonction à la « parentalité positive » qui imprègne ce début de siècle peut aussi être vue, en creux, dans sa version sans nuances, comme le triomphe d'un positivisme diffus, où négativité, zones d'ombre et *in fine* altérité véritable sont expulsées en vue de fluidifier l'ensemble du système, chaque être n'ayant pour vocation ultime que d'y occuper une place d'engrenage bien huilé. Heureusement, grâce aux enfants, répéter cinquante fois « mets tes chaussures » vous vaccine assez rapidement contre cette aspiration à la bienveillance intégrale et à la performance parentale « zéro défaut ». Merci les petits ! Si vos emportements ne virent pas à la maltraitance (ce que l'on vous souhaite ardemment), vous vous apercevrez, en prenant un peu de champ, que laisser s'épanouir une écologie variée des humeurs, avec ses jours de grand bleu et ses cumulonimbus, tout comme permettre de temps à autre à vos bambins de s'empiffrer de Pringles par poignées entières, ne sont pas forcément de mauvaises choses.

Là où une éducation un peu trop réussie pourrait s'apparenter à un dressage, une éducation acceptablement imparfaite, dont l'amour est l'ingrédient secret et dont la dimension programmatique finit par faire flop, propulse presque involontairement l'enfant dans le devenir, en lui conférant assez de forces pour avancer par ses propres moyens, sans être dans la répétition du même. Il deviendra alors, avec un peu de chance, un être humain avec son histoire personnelle, individu singulier, complexe, capable de se lier aux autres – et d'enfiler six tartines au Nutella sur les coups de 16 h 30 en s'essuyant les mains sur le pantalon. Voilà comment j'en suis venu à comprendre que toute éducation digne de ce nom devait être, en partie, « ratée », seul moyen de rompre avec la tentation très actuelle à tout vouloir rendre parfaitement fonctionnel. Se résoudre à « rater » une éducation, c'est accepter que s'ouvre un horizon vivant au-delà de toute image fantasmée, accepter que l'enfant réel prenne la place de l'enfant idéal. Originellement publiées dans le cahier l'Époque du *Monde* sous le titre « Parentologie » et ici regroupées en recueil, les chroniques qui vont suivre sont le récit de cette immersion dans une « science » éducative plus ou moins inexacte, et en train de se construire à tâtons.

À ce stade de l'intro, me direz-vous, on a un peu l'impression que c'est moi qui ai accouché. Or, lorsque j'ai coupé le cordon à la maternité lors de la naissance de chacun de mes enfants, il y avait bien quelqu'un à l'autre bout. Une personne qui venait de passer plusieurs heures à hurler en implorant sa « PÉRIDURALE », sans jamais réussir à l'obtenir : ma femme. Il n'est pas évident d'évoquer ici tout ce que je lui dois, et à quel point je la trouve formidable. Même si dire tout cela fait un peu acteur hollywoodien sur le plateau d'Oprah Winfrey, je le pense réellement. Si j'ai pu être ce père imparfait, c'est en grande partie grâce à elle. Je la remercie donc du fond du cœur de m'avoir permis de découvrir T'choupi et les chauffe-biberons, les vomis en voiture et la crèche parentale, le liniment et la PMI, le réveil aux aurores avec la gueule de bois. Bref, un univers parallèle, exploré dans un climat de confiance et de respect mutuels. Petite précision : comme l'idée de départ de ces chroniques était d'évoquer le point de vue d'un papa sur l'éducation, j'y occupe une place démesurée dans le récit au regard de l'implication de chacun à l'intérieur du foyer. Et, par cet effet de loupe sur mon activité (ou mon inactivité) et mes pensées, ma compagne se trouve quelque peu invisibilisée. À vrai dire, ne me sentant pas habilité à parler à sa place, je me suis contenté de décrire mes propres joies et tourments. Emblématique du *courage des mères*, son héroïsme du quotidien mériterait pourtant que je sorte tous les soirs au balcon pour l'applaudir, option que je n'ai finalement pas retenue (oui, vu de l'extérieur, cela aurait pu être interprété comme une manœuvre pour échapper à la vaisselle et au coucher des enfants). Voilà pourquoi je tiens ici à rendre un hommage plein d'une absolue reconnaissance à celle que j'aime, et que nos deux garçons, enveloppés au quotidien de sa tendresse sensible, ont la chance d'appeler « maman ». Cet ouvrage lui est dédié, ainsi qu'à mes fils. Comme à tous ceux qui, dans le respect de l'intégrité de l'enfant, ont eu un jour à plier une couche-culotte.

LA PAREN-TOLOGIE, OU L'ART SUBTIL D'ÊTRE UN PARENT IMPARFAIT

QUOTIDIEN ET RITES

BON, ON A UN RÉPIT DE SIX PAQUETS DE BONBONS ET DEUX CENTS CHAÎNES DE TÉLÉ

ET SI ON L'APPELAIT KINOAH ?

Quand vient le moment crucial de décider comment son enfant va s'appeler, on se met généralement à transpirer à grosses gouttes et on multiplie les visites anxieuses sur le site Signification-prenom.com. Il faut dire que l'enjeu est de taille. Comme l'ont montré les travaux du sociologue Baptiste Coulmont, en 2018, 5 % des Anthony ont obtenu la mention « Très bien » au bac, contre 20 % des Juliette.

Sans sombrer dans une approche déterministe, il faut comprendre que le choix d'un prénom est porteur d'un ensemble de signaux socioculturels qui sont loin d'être neutres. Telle la cuirasse d'un char Leclerc, le prénom doit, en premier lieu, permettre à l'enfant de survivre sur ce champ de bataille qu'est la cour d'école. Là, chaque détail compte. Si vous vous appelez monsieur et madame « Decocault » et que vous avez eu l'idée saugrenue de prénommer votre fils « Benoît », celui-ci risque de se voir durablement assimilé à un fruit tropical velu.

Dammien avec 2 m

Parfois, une intention qui semble louable au premier abord peut comporter un double fond problématique, qui ne se révélera qu'en rapport à un contexte précis. Mes enfants m'ont ainsi plusieurs fois raconté que leur ami Shaun (un prénom très certainement choisi dans le but de faire américain) se trouvait régulièrement associé au personnage en pâte à modeler de la série d'animation *Shaun le Mouton* (on ne reviendra pas, ici, sur le calvaire porcin subi par les « Peggy »).

Pour éviter à ma progéniture ce type de désagréments, j'ai opté pour la politique du « stigmate minimum ». Pas question que mes enfants se trimballent avec le prénom d'un dictateur sud-américain disparu ou d'un has been de la téléréalité. Encore plus horripilante est la stratégie consistant à se faire mousser en transformant la vie de son petit dernier en une interminable mise au point orthographique : « Oui, mes parents m'ont appelé Dammien, mais avec deux "m". Ils trouvaient ça beaucoup plus original. » En accord avec ma compagne, j'ai donc opté tout d'abord pour le prénom d'un vieux camarade de classe que j'aimais bien (tropisme nostalgique), puis pour celui d'un acteur pagnolesque (tropisme solaire).

Aboubacar-Jacky

Cette forme de retenue m'inscrit dans la tendance majoritaire qui voit les parents préférer l'option passe-partout au moment de statuer sur un assortiment de consonnes et de voyelles. Si l'on en croit l'Officiel des prénoms, la tendance est à la prise de risques minimale : Gabriel, Raphaël, Léo et Louis dominent chez les garçons, Emma, Jade, Louise, Alice chez les filles. Prenant à rebours cette inclination précautionneuse, un ami à moi avait un jour décidé de prénommer son fils « Saturnin Mouloud ». Je n'avais pas bien saisi, sur le moment, à quel point ce type était un pionnier.

Depuis que l'officier d'état civil ne peut plus s'opposer au choix des parents lors d'une naissance (mais simplement avertir le procureur de la République s'il estime que le prénom nuit à l'intérêt de l'enfant), on trouve, comme le relate l'*Anti-guide des prénoms*[1], des « Aboubacar-Jacky » ou des « Jean-Bryan », voisinant avec des « Euthanasia », « Merdive », « Retcharles », « Huterin », « Jessico » ou encore « Didro », hommage au célèbre encyclopédiste. Toutes ces trouvailles semblent surréalistes mais ont été recensées par la Ligue des officiers d'état civil.

Car oui, à côté des explorateurs timorés de la dénomination émerge une nouvelle catégorie de parents qui agite à la face du monde le prénom-étendard de leur descendant, sans que l'on sache très bien s'il s'agit là d'un simple geste de fierté créative ou d'un doigt d'honneur.

Zac-Harry et Nzo

Customisé à grand renfort de « y », de « k » et d'apostrophes, le prénom improbable a pour fonction d'envoyer un message fort – et bien souvent indéchiffrable – à la face du monde : imaginés pour vous en coller plein la vue, « Crissolorio », « K'Pucine » ou « Dayvertson » sont aussi ronflants qu'une 205 GTI avec jantes alu. Dans le domaine exploratoire du tuning de prénoms, on trouve plusieurs grandes familles, décomposées en innombrables micro-tribus. Chez les rebelles de l'orthographe, c'est au sous-groupe des fans des prénoms composés que l'on doit les magnifiques « Kill-Yann » ou encore « Zac-Harry ». Économe en ressources alphabétiques, une autre branche s'enorgueillit d'avoir donné naissance à des compressions telles que « Nzo » ou « Mrick » (sortes d'armures anti-diminutifs).

---

1 Ligue des officiers d'état civil, *Anti-guide des prénoms*, Paris, First, 2016.

Si je n'ai rien contre l'originalité, je me dis que l'enfant est aussi un inconnu que l'on se doit d'accueillir dignement, sans lui infliger dès le berceau le poids de choix trop stigmatisants. Révélateur des passions forcément passagères des parents, le prénom peut en effet se transformer en fardeau. « Djihad », par exemple, n'est pas super facile à porter par les temps qui courent, mais continue à être attribué. Quant à « Griezmann Mbappé », récemment choisi par un couple de Brive, il pourrait s'avérer un prénom contre-productif si l'enfant décide plus tard de faire carrière dans le basket. Le 6 février 2021, ce sont deux frères trentenaires prénommés Starsky et Hutch qui ont été interpellés à Mérignac par les gendarmes de Gironde à bord d'un Scenic, et placés en garde à vue pour refus d'obtempérer, conduite en état d'ivresse et alcoolémie au volant.

Et que dire de cette nouvelle mode venue d'outre-Atlantique consistant à donner à ses enfants des noms d'aliments sains, tels que « Kiwi » ou « Kale » (chou frisé, pour les intimes) ? Cette nouvelle lubie aux relents anthropophages tend à réduire sa progéniture à un support militant et pourrait déboucher, à terme, sur une forme de ségrégation par le prénom, suscitant des remarques parentales aussi surréalistes que : « Kinoah [un vrai prénom], je t'interdis d'aller dîner chez Curly [aussi un vrai prénom], je trouve que ce garçon n'est pas très sain. Je préférerais que tu fréquentes Taufoou [encore un vrai prénom], qui plaît beaucoup à ta mère et à moi. »

POURQUOI LES PÈRES NE SE RÉVEILLENT-ILS PAS LA NUIT ?

En ces temps de *mea culpa* généralisé, il est important de savoir faire son autocritique. Oui, je l'avoue, il m'arrive souvent de ne pas me lever la nuit lorsqu'un de mes fils se met à geindre parce qu'il a fait pipi au lit. Dit comme ça, ça paraît horrible, je sais. Mais, pour ma défense, je préciserais qu'en général, je n'entends même pas cette plainte qui monte de la chambre voisine. Parce que mon système de vigilance auditive est comme mis en veille, je dors aussi sereinement qu'un bienheureux alors que ma femme s'affaire en coulisses, douche le petit, change les draps, met parfois une machine à tourner, avant de reprendre discrètement sa place sous la couette...

Le matin, avec une absolue délicatesse et des cernes sous les yeux, elle me demande parfois : « Tu n'as rien entendu ? » À vrai dire, je me pose moi-même la question. N'ai-je réellement rien entendu ou me suis-je habitué à ne pas avoir à entendre, sachant pertinemment que quelqu'un assure l'intendance pendant que je continue à me pelotonner tranquillement dans les bras de Morphée ? C'est un débat difficile à trancher.

Une chose est sûre, même si nous vivons au XXIe siècle et que nous travaillons tous les deux, une grande part de la charge mentale relative à l'éducation de nos enfants pèse sur les épaules de ma compagne. Linge, rendez-vous médicaux, inscription aux activités, achat de vêtements : en l'absence de ce courant continu qu'elle distribue sans compter et qui permet de répondre à tout un tas de micro-impératifs, la vie de famille serait sans doute beaucoup plus chaotique.

Déséquilibre dans nos missions respectives

À la lecture de ce récit implacable, il ne faudrait pas en conclure non plus que je suis un monstre d'indifférence qui ne lève jamais le petit doigt. Dès qu'il y a des trucs lourds à porter, un poulet au curry à préparer ou des étagères à poser, c'est pour ma pomme. Dans l'économie du foyer, je suis un mélange d'animal de trait, de cuistot dévoué, d'artisan tous corps d'état et de gentil animateur. Dimanche dernier, j'ai par exemple emmené mes enfants au parc et joué au foot avec eux pendant que ma femme faisait « des trucs dans l'appartement » (je n'ose même pas prononcer le mot de ménage, de peur d'être conduit à l'échafaud numérique).

Ce déséquilibre dans la répartition de nos missions respectives, qui est tout aussi quantitatif que qualitatif, ne concerne pas que mon foyer. D'après une enquête de l'Insee, en 2010, les femmes assumaient encore 65 % des tâches parentales. Dans un sondage Harris Interactive menée en avril 2020 pour mesurer l'effet du confinement sur les inégalités de genre, 58 % des femmes interrogées estimaient alors passer plus de temps que leur conjoint à s'occuper des tâches domestiques, et 56 % d'entre elles jugeaient qu'elles consacraient plus de temps à l'aide au devoir. Après avoir épluché des milliers de données relatives à l'éducation et au soin des enfants, une étude américaine publiée dans le *Journal of Family Issues* en juillet 2019 est venue souligner – sans surprise – que les pères étaient généralement moins stressés et moins fatigués que les mères.

La raison de cette zénitude ? Au moment de statuer sur qui fait quoi, papa choisirait plutôt de s'impliquer dans les activités récréatives (« Désolée chérie, je ne peux pas t'aider pour le linge, j'anime un atelier pyrogravure »), quand maman prendrait à son compte des missions logistiques beaucoup moins gratifiantes sur le plan émotionnel.

En effet, aller voir *Toy Story 4* en compagnie de ses enfants, avec pop-corn et crocodiles Haribo en prime, vous fera toujours gagner plus de points de popularité que de changer un pyjama mouillé à 3 heures du matin. En revanche, en termes de points de fatigue, le ratio s'inverse. Comme le souligne la sociologue Christine Castelain-Meunier dans son excellent ouvrage *L'Instinct paternel*[2], la question de la charge mentale éducative pourrait, si l'on n'y prend garde, servir de déclencheur à une nouvelle « guerre des sexes ».

Car, malgré l'indéniable évolution qu'a connue le masculin ces dernières années, malgré une implication émotionnelle plus forte des papas avec leurs enfants, le patriarcat à l'ancienne a la vie dure. Écartelés entre deux visions du père, deux modèles, nous vivons aujourd'hui une phase transitoire, d'où émergent de profonds paradoxes.

---

2 Christine Castelain-Meunier, *L'Instant paternel. Plaidoyer en faveur des nouveaux pères*, Paris, Larousse, 2019.

Ainsi, le papa pourra se montrer favorable au décloisonnement des genres lorsqu'il s'agit d'accepter que son fils enfile des robes de princesse, mette un serre-tête licorne ou regarde *La Reine des neiges*. En revanche, quand il faut aller ramasser du vomi, c'est bien souvent madame qui s'y colle. « Ben, fallait demander », rétorquera alors le papa, pris en flagrant délit d'inaction. « Quand le partenaire attend de sa compagne qu'elle lui demande de faire les choses, c'est qu'il la voit comme le responsable en titre du travail domestique », écrit la blogueuse Emma, dont la bande dessinée *Un autre regard*[3] a fait date sur la question de la charge mentale.

Nettoyer les taches de purée sur les bavoirs

À ce stade, on est donc en droit de se demander : l'homme n'est-il intrinsèquement qu'un tire-au-flanc tout juste bon à emmener ses gosses à la pêche aux canards ? Chaque situation étant singulière, chaque être humain étant unique, il paraît difficile d'apporter une réponse définitive à cette question. Mais, comme le rappelle Christine Castelain-Meunier, jusqu'à une date récente, l'éducation des enfants a été une chasse gardée féminine. La mère de famille était glorifiée, mythifiée par la société industrielle. Le père, lui, se trouvait alors cantonné aux rôles de soutien et de figure d'autorité distante.

Au quotidien, cette répartition sexuée des rôles l'éloignait de la possibilité concrète de partager des émotions avec ses propres enfants et, accessoire-

3 Emma, *Un autre regard*, Paris, Florent Massot, 2017.

ment, de nettoyer les taches de purée sur les bavoirs. Aujourd'hui, alors qu'il est devenu acceptable pour les papas de faire des câlins peau à peau avec leur progéniture, il reste encore des combats prosaïques à mener. Aussi étonnant que cela puisse paraître, sur le chemin de l'émancipation masculine, le fait d'enquiller spontanément des lessives ou de se lever la nuit d'un bond pour aller changer des draps mouillés figure un passage obligé, pour ne pas dire – j'exagère à peine – un horizon enviable.

QUAND PAPA JOUE AU DOCTEUR AVEC MAMAN

Comme un coach de vie un brin autoritaire, la parentalité remodèle du jour au lendemain une grande partie de vos habitudes existentielles. Alors qu'une simple virée en amoureux au cinéma nécessite désormais une planification dissuasive digne de l'opération Overlord, une autre dimension hédoniste de votre vie d'avant prend elle aussi une tournure problématique : le sexe. Comme si un mauvais génie avait versé du bromure dans votre café équitable, l'ambiance *caliente* qui vous a conduit sans trop réfléchir à perpétuer l'espèce humaine se transforme soudain en véritable glaciation érotique. *Game of Thrones* vous avait pourtant prévenu – « L'hiver vient » –, mais vous ne pensiez pas que ce méga-coup de froid congèlerait également vos corps caverneux.

Parade de paon en surchauffe

À cette situation, il y a tout d'abord des raisons purement mécaniques. Dans un premier temps, l'épreuve physique que constitue l'accouchement est susceptible de rendre votre compagne non réceptive à vos parades de paon en surchauffe (et en survêt, si vous avez pris un congé parental). Après une épisiotomie, on a rarement envie d'explorer les recoins du Kamasutra, surtout avec un type qui arbore un tee-shirt « Super Papa ». À ce stade, même s'il sait le plus souvent se montrer compréhensif en surface, ledit papa pourra éprouver au plus profond un véritable choc culturel. Lui qui avait le sentiment enivrant de vivre avec la cousine de Sharon Stone, se retrouve du jour au lendemain à partager le quotidien ultrapragmatique de Super Nanny (« T'as pensé aux mini-dosettes de sérum physiologique pour nettoyer les narines ? »).

Quant à la maman, elle peut parfois avoir du mal à passer en un clin d'œil du rôle de distributeur de boissons chaudes à celui d'objet de désir. Comme le détroit d'Ormuz, sa poitrine devient alors le point de focalisation vers lequel convergent des intérêts stratégiques divergents. Celui de l'enfant, qui ne pense qu'à manger, et le vôtre, qui... bon, pas besoin de vous faire un dessin. Pour ne rien arranger, les couches pleines d'une matière qui semble venue de l'espace et les flatulences de bébé, alourdissant l'air ambiant, vous conduisent à formuler ce constat lucide – et un poil désabusé : au cœur de cet univers pas franchement glamour, il faudrait être David Copperfield pour, d'un claquement de doigts, réussir à restaurer durablement la magie érotique.

Car force est de constater que votre vie sexuelle n'est plus qu'un ancien carrosse embourbé dans la purée de citrouille. Si, à ce stade, vous n'avez pas encore succombé au fameux « baby-clash », cette fréquente séparation post-partum, c'est que vous avez réussi à dériver vos pulsions vers un nouveau mode de satisfaction, généralement à base de séries Netflix et de Pringles au fromage – même si rien ne vous empêche de profiter de l'occasion pour entamer, ou redynamiser, une relation masturbatoire avec vous-même (« salut, ça va toi ? ! »). À la longue, ce régime à base d'images interchangeables, de graisse saturée et de sédentarité onanique finit par vous transformer vous aussi radicalement, mais pas forcément en bien. Votre compagne était en couple avec un spartiate affûté par les heures de cross-fit, elle se retrouve à causer « montée de lait » avec un type qui a toujours des traces de vomi sec sur son sweat mal repassé.

« T'es sûr qu'ils dorment ? »

En pareilles circonstances, les rares coïts auxquels vous pouvez encore prétendre sont mis en péril par le harcèlement sonore systématique de l'enfant. Comme avec ces prisonniers à qui l'on diffuse de la musique assourdissante pour les empêcher de trouver le sommeil, les braillements nocturnes vous vrillent quotidiennement les tympans. Hasard ? Pas sûr.

Dans une étude menée par le professeur David Haig, à l'université Harvard[4], on apprend que les bébés seraient, dans le cadre d'une stratégie d'évolution, programmés pour réveiller leur mère la nuit afin qu'elle leur donne à manger. But de la manœuvre ? Prolonger la période d'allaitement, laquelle s'accompagne de l'aménorrhée de lactation, une phase d'infertilité de durée variable. En vous épuisant et en activant une forme de contraception naturelle, c'est presque inconsciemment que le Garry Kasparov en Babygro minimiserait les risques de retour de couches et maximiserait ses chances de survie.

Une fois que l'enfant « fait ses nuits », vous n'êtes pas pour autant tiré d'affaire. Car cette petite chose hurlante va apprendre à se déplacer. Elle est donc

---

4 David Haig, « Troubled Sleep: Night Waking, Breastfeeding and Parent-Offspring Conflict », *Evolution Medicine and Public Health*, mars 2014, https://www.researchgate.net/publication/260646913_Troubled_sleep_Night_waking_breastfeeding_and_parent-offspring_conflict

susceptible de débouler à n'importe quel moment ; en général, le pire. Personnellement, il ne m'est jamais arrivé d'être surpris en pleins ébats et de me trouver contraint de raconter un horrible bobard médical (« on était en train de jouer au docteur avec maman »), mais c'est une perspective plus ou moins angoissante que tout parent a en tête. Voilà pourquoi « T'es sûr qu'ils dorment ! ? » est sans doute l'un des mantras préférés de ma compagne, avec le non moins fameux : « Tu t'es lavé les mains avant de peler les légumes ? » J'ai donc vite compris qu'aller tester la profondeur du sommeil des enfants (« c'est bon, ils dorment à poings fermés ») faisait désormais partie des préliminaires.

Acrobatie domestique

Dans cette quête complexe du désir, quand les enfants ne sont pas dans les bras de Morphée, vous pouvez encore compter sur une alliée de taille (non, pas la pilule de Viagra) : la télé. Une fois votre progéniture lobotomisée par un bon Pixar, le son du poste à fond, vous n'avez plus qu'à vous enfermer à double tour dans la pièce de votre choix et vous livrer, l'esprit à peu près serein, à vos petites affaires. Certes, tout ça a parfois des allures d'acrobatie domestique quand, un pied dans le hublot du sèche-linge, une main sur l'armoire à pharmacie, vous tentez de rejouer le remake à petit budget de *Cinquante nuances de Grey.* Mais justement parce que clandestine, parce qu'arrachée de haute lutte à tout un tas de forces contraires, parce que témoignant de l'incroyable pulsion de vie qui vous anime, la sexualité du parent au bout du rouleau n'en est que plus savoureuse.

LE GOÛTER D'ANNIVERSAIRE OU L'ÉPREUVE DES « POTOS »

Sur l'échelle sismique de la bonne parentalité, le goûter d'anniversaire figure au barreau le plus élevé, celui qui, une fois atteint, vous laisse dans un état de vide hébété, comme si vous veniez d'assister à la rencontre de deux plaques tectoniques dans votre salon. « Heureusement, j'ai pris un Temesta ! », me confiait récemment un papa, qui s'apprêtait à vivre un après-midi de festivités enfantines, entouré d'une ribambelle de gnomes déguisés en pirate des Caraïbes, Fée Clochette, ou Kylian Mbappé.

C'était dit sur le ton de l'humour, mais tout de même. La blague traduisait à merveille l'espèce de pression diffuse qui pèse désormais sur ce type d'événement, à tel point qu'il semble parfois plus dramatique de rater son anniversaire que de rater ses études.

Rassurez-vous, avant les 4 ans de votre enfant, ce continent festif apparaît rarement sur les radars. C'est après que les choses se gâtent. Telle une goutte froide qui déboule sans prévenir, tout débute par l'envoi d'un petit carton qui, dans l'idéal, doit témoigner d'un appétit familial pour les arts plastiques et les formules rigolotes. Un message plat, mal mis en scène et truffé de fautes d'orthographe vous classera de fait dans le camp des infréquentables.

Souvent distribuées à l'école, ces invitations séparent le monde en deux : d'un côté, les élus, ceux qui sont conviés à la fête alors qu'ils ont encore dans les poches du sweat les confettis du week-end dernier ; de l'autre, ceux qui ont raté une nouvelle occasion d'intégrer le cercle des proto night-clubbers et passeront leur samedi après-midi devant Gulli.

Darwinisme festif

Au travers de ce simple rituel se dessinent les premiers contours d'une attractivité sociale aux ressorts encore mystérieux. J'imagine que beaucoup d'enfants se demandent pourquoi ils ne sont JAMAIS invités aux anniversaires. Qu'ont-ils fait pour se trouver ainsi mis au ban de cette orgie glycémique ? « S'il te plaît, invite-moi ! », m'a un jour expressément demandé un camarade de classe de mon fils, me rendant soudain visibles les effets délétères de cette exclusion chronique.

En effet, même si les parents n'en ont pas forcément conscience, il existe une véritable géopolitique souterraine de la fête d'anniversaire. Un peu comme le G7, ce moment particulier permet de matérialiser des alliances qui, peut-être, perdureront.

Il sert aussi, parfois, à souligner des inimitiés naissantes, en transposant la loi du Talion au pays des fraises Tagada : « Tiens, Machin n'a pas invité notre fille la dernière fois, donc nous n'inviterons pas son fils. Dommage pour lui, on avait loué une fontaine à chocolat ! » Ce darwinisme festif ne repose pas que sur une forme plus ou moins masquée de sélectivité affinitaire et sociale. Il est aussi dicté par des questions plus prosaïques de survie psychique : pour ceux qui organisent les réjouissances, impossible d'inviter tout le monde.

Le gâteau licorne fait sur mesure

Une règle non écrite précise d'ailleurs que l'on doit convier à la fête le nombre de camarades correspondant strictement à l'âge de votre enfant. Ignorant cette procédure comptable, je me souviens que, pour les 5 ans de mon fils aîné, nous avions invité une quinzaine de participants, pensant un peu naïvement que nous réussirions à les occuper avec une pêche au canard et quelques parties de Mikado. Trois heures plus tard, nous constations, abattus, que notre logis n'était plus qu'un champ de ruines.

Depuis, je comprends mieux pourquoi les parents s'échappent à toute vitesse après avoir déposé leur enfant : dans le fond, ils savent très bien qu'ils viennent de larguer une bombe au phosphore sur un terrain déjà largement miné. « On le récupère à quelle heure ? Bon ben salut, et bon courage, hein ! », balancent-ils en général, avec un petit rictus mi-complice (leur tour viendra), mi-inquiet (pas sûr que vous vous en sortiez).

Pour éviter la dévastation, vous pouvez aussi délocaliser l'anniversaire dans tout un tas de lieux attractifs (laser game, monument historique, piste de karting) et, comble du chic, faire appel à des prestataires – oui, c'est vrai, votre vie ressemble un peu à une série américaine où le gâteau licorne est fait sur mesure et où le Magicien d'Oz frappe à la porte.

Susceptibles d'engloutir une bonne partie de votre treizième mois, les réjouissances s'organisent le plus souvent autour d'un sacrifice rituel, celui de la piñata. Ces coques en forme d'animal (vache, poney, buffle) sont soumises à une bastonnade en règle, qui libère des tonnes de friandises. Si les parents sont « gilets jaunes », la piñata peut aussi avoir la tête d'Emmanuel Macron. Dérivé d'une vieille coutume chinoise où les graines remplaçaient les bonbons, ce moment exutoire serait un appel à la prospérité. Preuve de son efficacité, les cadeaux arrivent peu après, là aussi choisis avec soin pour réjouir celui que l'on célèbre.

« Un rite du moi »

Mais les invités ne sont pas en reste, puisqu'ils repartent de nos jours avec des petits sachets remplis de sucreries et de babioles en plastique, moyen d'initier les nouvelles générations au don et au contre-don. Apparu au XIXe siècle dans les milieux bourgeois et aristocratiques, l'anniversaire a pris son essor dans les années 1980, pour devenir ce que le défunt sociologue Paul Yonnet nomme un « rite du moi ».

Célébration de l'enfant du désir, il marque la rupture d'avec les époques antérieures où nos descendants, objets d'une attention moins obsessionnelle, étaient fabriqués à la chaîne parce qu'ils décédaient en grand nombre. À l'issue de cette journée de festivités d'une intensité rare, le parent, quant à lui métaphoriquement mort, s'étonne littéralement d'avoir survécu.

AMAZON, BOTTE SECRÈTE DES PARENTS FLEMMARDS POUR NOËL

En mon cocon domestique, les signes de l'arrivée imminente de Noël se font de plus en plus manifestes. Au réveil, alors que le sapin clignote dans la vapeur enveloppante des chocolats chauds, le premier geste de ma progéniture est d'aller ouvrir une nouvelle case du calendrier de l'Avent Kinder, qui génère à la fois beaucoup de bonheur et un terrain propice pour les caries. Mon fils aîné s'est par ailleurs fabriqué un échéancier installé au-dessus de son lit et, tel un taulard dans l'attente de sa libération, il coche méthodiquement les cases qui le séparent du 25 décembre.

En voyant cela, on serait tenté de se dire que rien n'a changé, que Noël est toujours ce rituel immuable fait de fébrilité enfantine, d'attention à l'autre manifestée au travers des cadeaux et de bûche indigeste.

Mais, derrière ce vernis, depuis une décennie, les choses se sont en réalité profondément modifiées. Progressivement, subrepticement, en un mouvement souterrain de grand remplacement, le Petit Papa Noël est poussé vers la sortie par le Petit Pap'Amazon.

En 2019, la crise des « gilets jaunes » a encore accentué le phénomène. D'après un sondage réalisé par OpinionWay pour Perifem (association des grandes enseignes de la distribution), cette année-là, 43 % des consommateurs ont effectué leurs courses de Noël sur les sites de vente en ligne, 30 % d'entre eux affirmant que leurs emplettes dans les magasins physiques se sont de plus en plus raréfiées.

Si le Petit Papa Noël occupe encore une place centrale dans les imaginaires, le Petit Pap'Amazon s'est emparé d'une grande partie du processus logistique. Profitant d'une croyance solidement ancrée dans les esprits (l'évidence, partagée par tous, qu'il y aura des présents au pied du sapin), Amazon non seulement fournit les cadeaux, s'occupe de les livrer, mais se charge aussi de l'emballage. À ce stade d'hystérie délégataire, on n'attend plus que le drone qui viendra peut-être déposer prochainement les boîtes étincelantes à côté des chaussures pour nous éviter les risques de lumbago.

Tout cela est loin d'être anodin. Avant, nous étions tous une petite partie active du Père Noël et la fête reposait sur l'efficacité de cette coproduction voyant s'entremêler un mythe aux origines diverses, des commerçants locaux se frottant les mains et des parents affairés.

Jouer des coudes dans une boutique surpeuplée pour acheter les cadeaux, les introduire presque par effraction dans le logis sans se faire intercepter par sa progéniture à l'affût, les empaqueter en douce, tout cela constituait un notable effort parental pour entretenir le merveilleux. En faisant cela, l'adulte payait en même temps un tribut à son enfant intérieur, réactivant son propre rapport enchanté à la féerie de fin d'année.

Rituel remplacé par l'arrivée de cartons au sourire fléché

Si certains adultes participaient activement à l'organisation des festivités, c'est qu'une part d'eux-mêmes voulait encore croire au Père Noël. Cette procédure rituelle tend aujourd'hui à disparaître, remplacée par un simple clic. Et, peu de temps après, par l'arrivée des fameux cartons siglés du sourire fléché, caractéristique de la firme américaine.

En prenant les rênes de l'approvisionnement, le Petit Pap'Amazon continue à faire vivre une certaine magie (au sens où il escamote tout ce qui rend possible le processus de livraison), en même temps qu'il anémie le rituel, au profit d'une totalité opératoire asséchée.

Indéniablement, ça marche, puisqu'il y aura bien des cadeaux sous le sapin le 25, mais quelque chose de l'esprit de Noël s'est évanoui sous l'effet de cette approche purement instrumentale (et, avouons-le, bien pratique).

L'autre problème de taille posé par cette formule ne se fait pas immédiatement sentir. Mais lorsque viendra le jour fatidique où votre enfant demandera « Papa, est-ce que Père Noël existe vraiment ? », et que vous estimerez venu le temps de ne plus botter en touche, alors là, les choses seront beaucoup plus complexes.

Non content de révéler que l'histoire du gros barbu couperosé qui passait par la cheminée était en fait une vaste escroquerie (ou un fait alternatif, c'est au choix), il faudra alors, si vous voulez être totalement sincère, vous livrer à une deuxième couche de révélations : « En fait, fiston, non seulement le Petit Papa Noël n'existe pas mais, en plus, il a été remplacé par le Petit Pap'Amazon. » Immanquablement, l'enfant vous demandera : « Ben c'est qui, le Petit Pap'Amazon ? Est-ce qu'il a lui aussi une barbe blanche et un manteau rouge ? C'est lui qui a fini le morceau de gâteau et le verre de vin qu'on a laissés hier soir à côté de la cheminée ? »

Pas de rennes, des drones

Là, l'explication s'annonce aussi compliquée que lorsqu'on vous sollicite pour exposer en deux phrases « comment on fait des bébés ? »

En essayant de retomber sur vos pieds, vos réponses se feront forcément maladroites, du style : « Euh, Amazon est une plate-forme de vente en ligne qui n'a pas de barbe, fiston. Ça permet d'acheter des trucs en cliquant juste sur sa souris. Le petit Pap'Amazon n'utilise pas de rennes, mais il effectue déjà des livraisons par drones. »

Et les lutins ? « Euh, ben, en fait c'est des êtres humains soumis à des cadences de travail exténuantes. Le Petit Pap'Amazon a aussi une assistante qui s'appelle Alexa. Mais elle ne se plaint pas, car elle vit dans une enceinte connectée plutôt douillette. » À l'écoute de ces explications totalement cryptiques, votre enfant pourrait soudain sentir la magie de Noël s'évanouir brutalement. Ce sera alors le moment de dégainer votre botte secrète : « Oui, mais c'est bien moi qui ai emballé tes cadeaux, fiston, car papa t'aime très fort ! »

« MON PÈRE, IL EST TELLEMENT FORT »

Le regard que l'enfant en bas âge pose sur le parent est généralement empli d'une débordante bienveillance (avant que ce même enfant se mette à vous trouver très con quelques années plus tard, mais ça, c'est une autre histoire). C'est ce regard plein d'amour – ce fiston *gaze* – qui explique pourquoi un être humain lambda comme moi, qui n'a rien d'extraordinaire dans son approche de la parentalité, est susceptible de recevoir des remarques du type : « T'es le meilleur papa du monde ! » Que vous ayez omis de lui acheter ses fournitures de rentrée ou ayez oublié d'aller le chercher à l'école n'y changera rien : l'enfant vous trouvera, au pire, « super ». S'il n'est pas occupé à souligner votre génie éducatif, il pourra aussi, à l'occasion, vous dépeindre comme quelqu'un d'« hyper costaud ».

Alors que j'ai en réalité beaucoup de mal à ouvrir un pot de confiture à la simple force du poignet, je suis toujours associé à une sorte d'Hercule des temps modernes, l'équivalent d'une créature mythologique capable de faire valser un tronc d'arbre d'une simple pichenette. En termes de disproportion, c'est un peu comme ces types qui, chantant comme des casseroles, se retrouvent intronisés chevaliers des arts et lettres. Et ce phénomène de mise sur un piédestal ne concerne pas que moi. Nous sommes globalement perçus comme si extraordinaires que, sans surprise, la première chose qui rend les enfants de 7-11 ans heureux, d'après une étude

Harris Interactive[5] datant de 2018, c'est de « passer du temps avec leurs parents » (68 % des réponses, pour être précis).

Dopant narcissique

Au rang de ses vertus, ce regard enfantin plein d'admiration fonctionne incontestablement comme un dopant narcissique. Dans bien des situations, il nous rend réellement plus fort, nous galvanise, suscitant une attente que l'on n'a pas envie de décevoir. Il nous permet de ramener sans ascenseur des packs d'eau minérale pour le biberon jusqu'au sixième étage, de faire la queue depuis l'aube pour tenter d'inscrire son petit dernier à l'éveil musical, de se replonger sans frémir dans le subjonctif et la trigonométrie, de transporter une poussette presque aussi lourde qu'un char Leclerc dans les escaliers du métro parce que l'œil de votre progéniture fixé sur vous dit « vas-y, tu vas y arriver »... Chose rare, ce regard conduit à déployer au quotidien une énergie presque surhumaine pour quelqu'un d'autre que soi.

Mais il est si puissant, si inhabituel, si émotionnellement déstabilisant qu'il fait courir certains risques à celui sur lequel il se pose : le premier de ces risques est de se croire réellement détenteur des superpouvoirs que l'enfant projette sur vous. Oubliant que cette image de soi hyperpositive est conditionnée par le rapport privilégié à une altérité bienveillante, beaucoup

5 Sondage du 25 septembre 2018 réalisé par Harris Interactive pour le magazine *Astrapi*, https://www.1jour1actu.com/insolite/9-enfants-francais-sur-10-se-disent-heureux-55765/?output=pdf

de parents se mettent soudain à penser qu'ils sont intrinsèquement « hyper forts », « super rapides », « vachement beaux ». Chez certaines mamans, cela se traduira parfois par ce que l'on peut appeler le « syndrome Comptoir des Cotonniers », du nom de cette marque de prêt-à-porter mettant en scène des mères et des filles habillées de la même manière.

Propulsée dans une néojuvénilité par les œillades complices de sa fille, la maman oublie soudain le fossé des ans, et devient un clone vestimentaire de sa descendante, donnant le sentiment qu'elle revit une nouvelle préadolescence. Il s'agit là d'une forme de jouvence par la garde-robe qui, vous vous en doutez, possède ses limites. D'autant que cette révolution du vestiaire peut s'accompagner d'un mimétisme alimentaire aux effets dévastateurs. Totalement en roue libre, la maman se met alors à s'enfiler des sundaes au caramel comme si c'était des tomates cerises ; car, c'est bien connu, quand on est super jeune, on ne prend pas un gramme.

Dribbles phénoménaux et chaloupés

Cette dynamique intérieure qui nous conduit à nous voir différents de ce que l'on est peut aussi s'appliquer aux hommes quand, oubliant les torrents de raclettes au beaufort qui ont coulé sous les ponts, ils arpentent fièrement les trottoirs congestionnés dans leur maillot de foot XXS floqué Mbappé. Mais, chez le papa, c'est surtout par le syndrome du Ronaldinho d'aire de jeux que cette hypertrophie du moi parental apparaît de la façon la plus criante. Je sais de quoi je parle, car j'en suis moi-même atteint. Galvanisé par le regard de mes enfants, j'ai toujours envie de les épater en retour. Au parc, comme si nos années d'écart s'étaient miraculeusement envolées, je saute alors sur le ballon et me mets à tenter des dribbles phénoménaux et chaloupés, inspirés par l'ancien attaquant du Barça. Mais « phénoménaux », ces dribbles ne le sont que dans ma tête. Car généralement, sous le kiosque où nous jouons, j'ai toutes les peines du monde à perforer les défenses adverses.

Malgré mes zigzags de supposé Brésilien, je finis le plus généralement par m'encastrer dans un tibia adverse comme le vétéran un peu poussif que je suis. Pire : mon plus jeune fils, qui a appris à marcher il n'y a pourtant pas si longtemps, me colle des petits ponts qui me laissent sur place. L'écart entre l'image hypertrophiée du moi parental et la réalité apparaît alors tel qu'il est, large comme la faille de San Andreas. À force d'humiliations vécues sur le terrain, je dois me rendre à l'évidence : mon jeu est aussi illusoirement aérien que celui d'un champion du monde de 1998 rejouant, vingt ans plus tard et à grand-peine, un simulacre de son sacre historique. Ce n'est qu'en regardant les autres papas que j'arrive pleinement à accepter cette amère réalité. Déplacements pataudS, jongles ratés, souffle court : les façons d'être de ces Ronaldinho d'aire de jeux trahissent, en règle générale, le poids des ans. S'ils sont à ce point nuls, c'est que je dois l'être aussi, me dis-je alors, philosophe. Seule consolation au cœur de cet océan de désublimation : cette semaine, j'ai réussi à ne pas me fouler la cheville.

« QUAND EST-CE QU'ON ARRIVE ?! »

Si gérer ses enfants durant l'année n'est pas forcément chose aisée, il est une perspective largement plus angoissante sur l'échelle aux barreaux savonneux de l'épuisement parental : les vacances. Du jour au lendemain, vous vous retrouvez alors nez à nez avec votre progéniture, sans le cordon sanitaire que constituaient l'école, les activités diverses et les virées chez les copains. Même votre travail, qui se dressait jusque-là comme un rempart infranchissable (« Moins de bruit, les enfants, papa doit boucler un dossier important »), s'écroule en période estivale sous les coups de boutoir de votre entrée dans les congés payés. Vous voilà nu (métaphoriquement, bien sûr, car en vrai vous êtes en pantacourt multipoche) face à cette horde hurlante qui crame autant d'énergie à la journée qu'un paquebot Costa Croisières. Même si vous avez sué sang et eau pour en arriver là, la période qui s'annonce ne sera pas de tout repos.

Remplir les valises

Le premier gros écueil sur votre route de vacancier ne tarde pas à apparaître lorsque vient le moment fatidique (juste avant le départ, c'est mieux) de remplir les valises. Comme vous avez désormais la même mentalité qu'une prévoyance santé, vous enfournez dans les bagages de quoi répondre potentiellement à toute situation : des Méduse pour ne pas se couper les pieds sur les rochers ; des bottes pour s'il pleut et qu'il fait froid ; des tee-shirts hyperlégers pour s'il fait chaud ; des marinières pour si vous décidez de faire une journée pêche aux moules ; des pulls pour s'il tombe deux mètres de grêlons (regardez ce qu'il s'est passé à Guadalajara en juillet 2019[6]) ; des palmes pour propulser le Bodyboard et échapper aux requins ; des maillots amples pour la plage et des slips de bain moulants pour la piscine ; une trousse de secours avec l'Aspivenin qui ne vous a jamais servi à rien « mais on ne sait jamais » ; des casquettes et des bobs (au cas où vous perdriez les casquettes) ; des chaussettes pour ne pas que les enfants transpirent directement dans leurs chaussures, et des claquettes pour s'ils transpirent trop dans leurs chaussettes ; des coupe-vent parce qu'il y a souvent une petite brise fraîche le soir ; du spray solaire indice 50 ; des granules d'arnica ; de la crème anti-bobos ; de la citronnelle ; des compotes en gourde... La liste est interminable, et le chargement du véhicule ressemble au départ de la Croisière jaune.

La seule personne qui voyage avec plus de bagages que vous, c'est peut-être Kim Kardashian. Généralement, c'est ce moment à fort coefficient de stress, celui où vous tentez de faire entrer les derniers mètres cubes dans votre coffre à coups de talon, que choisit le doudou pour disparaître. « Mais je l'avais posé là ! » pleurniche votre fils face à l'évidence de l'absence. Si vous ne retrouvez pas vite ce bout de tissu baveux, c'en est fini de votre projet de vacances. À moins que le grand frère n'ait soudain l'idée de génie

---

6 https://www.lemonde.fr/planete/article/2019/07/01/mexique-la-ville-de-guadalajara-prise-sous-la-glace_5483801_3244.html

de fabriquer un « doudou de secours ». Dans l'habitacle, une fois que vous avez chanté *Le lion est mort ce soir* et réalisé votre quiz éducatif sur « la capitale de la France » (« Paris, oui, c'est ça ! »), vous avez pour ainsi dire cramé toutes vos cartouches. Votre diesel a tout juste eu le temps de cracher ses premières particules fines dans l'atmosphère que, de la banquette arrière, commencent à monter les premières plaintes : « C'est quand qu'on arrive ? »

Arbitre de catch

Généralement, face à ce début de rébellion rituelle, je me réfugie en mon fort Boyard intérieur, mutique, arborant le sourire crispé du VRP qui a fait un mauvais mois. Là, histoire de vous remonter le moral, Autoroute FM annonce que Bison futé s'est planté. Non, la journée n'est pas orange, mais rouge écarlate. Vous tentez alors de slalomer habilement entre les véhicules, mais cette gymnastique exigeante en matière de concentration est rendue presque impossible par vos enfants qui hurlent à l'arrière. Ils ont faim, ils ont soif, ils ont envie de faire pipi, ils s'ennuient, ils se battent... Lancé à 140 km/h, vous devez désormais tourner la tête pour vous transformer en arbitre de catch. D'après une étude de l'association Attitude Prévention datant de 2018, 64 % des enfants ont déjà vu leurs parents avoir une attitude risquée au volant. Grâce à ce mouvement giratoire furtif, vous constatez que la banquette, que vous aviez consciencieusement aspirée avant le départ, ressemble maintenant à une déchetterie roulante.

Soudain, face à ce spectacle cataclysmique et au niveau de décibels qui vous empêche d'écouter tranquillement Véronique Sanson, la porte de votre fort Boyard intérieur pète d'un coup sec. « Putain mais bordel, fermez vos gueules, les mioches !!! » Oups. Vous vous étiez pourtant juré de ne jamais parler comme ça, mais c'est plus fort que vous. Les enfants ont cette capacité inouïe à vous user les nerfs au quotidien sans – et c'est là le miracle – que vous réussissiez à leur en vouloir durablement. Ce pouvoir de susciter à la fois l'hystérie et l'amnésie explique le fameux surnom que leur donnent certains grands-parents : les « chicoufs » (« chic, ils arrivent ; ouf, ils repartent »).

Les coups de gueule au péage de Saint-Arnoult

Paradoxe suprême, tous ces horribles moments qui, comparativement, feront facilement passer votre année de labeur pour un hobby sympathique, contribueront en réalité à fabriquer de super souvenirs. « Ah, tu te rappelles quand tu nous hurlais dessus sur l'A10 ? », vous diront peut-être un jour vos enfants avec nostalgie. J'espère en tout cas que les miens se souviendront de mes coups de gueule totalement improductifs, généralement balancés avant l'arrivée au péage de Saint-Arnoult. Ce que ne savent pas ces petits Gremlins, c'est que peut-être, un jour, comme ce couple de parents avec qui je discutais récemment, nous pourrions opter pour les grands moyens : un club de vacances *all inclusive* avec garderie illimitée, histoire de remettre en état nos systèmes nerveux usés par le voyage. Mais, après avoir siroté tranquillement nos mojitos au bord de la piscine en regardant du coin de l'œil les enfants s'éclater au Club Pirate, nous risquerions de bizarrement nous surprendre à regretter le temps de la transhumance : qu'il était doux, en fait, ce moment de saturation cognitive où nous avions le luxe extrême de ne plus nous appartenir.

« ÇA SERAIT BIEN QUE TU SERRES UN PEU LA VIS À TES GOSSES... »

Au début, le scénario était presque aussi parfait qu'un casse de Toni Musulin : si vous avez choisi cet été de partir avec vos amis sur la Costa Brava, c'est avec le secret espoir que vos enfants et les leurs s'occupent entre eux, afin que vous puissiez vous consacrer pleinement à votre passion pour l'apéro (et, accessoirement, le sexe estival).

Fleurant bon l'iode et le remake du film *Les Petits Mouchoirs*, cette option quasi idéale sur le papier devait également vous permettre d'échapper à la sempiternelle villégiature chez vos beaux-parents. Néanmoins, comme vous n'avez pas pris le temps de lire le *Guide des vacances entre amis*[7], un détail vous a échappé : la complexité de la psychologie enfantine.

Alors que vous êtes parti au pays de la sangria animé d'une flamme néo-hippie, vos progénitures respectives, elles, baignent au quotidien dans l'instinct de propriété : « Papa, il m'a pris ma toupie Beyblade ! », « Et lui il a volé toutes mes Têtes brûlées... »

Pressentant qu'il ne valait mieux pas risquer un pied dans ce champ de mines, vous avez préféré laisser les enfants gérer leurs conflits entre eux. « Après tout, c'est que des trucs de gosses ! », avez-vous ajouté, philosophe, en reprenant une rondelle de chorizo. En termes de gestion de crise, votre attitude revenait à

---

7 Sidonie Mangin et Élodie Cabalga, *Guide des vacances entre amis. Manuel de survie*, Paris, Le Contrepoint, 2015.

peu près au fait de vous lancer dans une tournée des bars à saké pendant que la centrale de Fukushima monte gravement en pression.

« C'est de sa faute ! »

Pour tenter de rabibocher les deux camps, vous avez alors accepté qu'ils regardent ensemble un dessin animé sur la tablette, alors que vous tenez habituellement vos enfants à l'écart de ce vortex monstrueux. Mais, quand vous êtes monté dans la chambre une heure plus tard, vous avez constaté avec horreur qu'ils n'étaient pas devant *T'choupi*, mais hypnotisés par une vidéo de Jacquie et Michel. *« C'est de sa faute ! »*, a dit un de vos petits, en se tenant la zigounette et en désignant l'enfant de l'autre famille.

Bien sûr que c'était lui, car vos petits « choupinous », eux, ne peuvent pas faire ça. Logiquement, vous avez commencé à penser que vous aviez face à vous le mal incarné dans un corps de Minimoys. D'exagérément désinvolte, vous êtes alors devenu super-tatillon avec celui que vous appelez désormais – en secret – « le petit monstre ».

Mais votre comportement n'est pas passé inaperçu. Vos amis, sentant leur progéniture menacée, ont enclenché les représailles de niveau 1. Comme vous faites désormais des remarques à leur « lapinou », ils ne se gênent pas pour recadrer les vôtres (« Ça serait bien de finir vos carottes râpées, car il y a des gens qui meurent de faim en Afrique ! »).

À un moment, vous avez caressé le secret espoir de vous détendre en faisant l'amour avec votre compagne, mais, comme beaucoup des couples en vacances, la fréquence de vos relations sexuelles est en chute libre en raison du temps passé à gérer la marmaille. L'évidence était là : vos congés idylliques n'étaient plus qu'un amoncellement de rendez-vous ratés et de rancœurs enfouies.

Un jour de pluie où tous les adultes se sont retrouvés casernés à jouer au Bata-Waf (les enfants, eux, étaient scotchés sur l'iPad), votre ami a eu la mauvaise idée de vous dire, sur le ton de la confidence complice : « Ça serait bien que tu serres un peu la vis à tes gosses... »

« Eh, je t'ai pas sonné, Marcel Rufo ! », avez-vous répondu du tac au tac, alors que le fils de l'autoproclamé pédopsychiatre a soudain déboulé dans le salon en hurlant, une pique à brochette plantée dans l'avant-bras.

LA PETITE SOURIS, ODE À LA RAISON ÉDENTÉE

La vie de parent s'articule autour d'un certain nombre de rituels, plus ou moins actuels, plus ou moins bricolés. Ainsi, à l'heure où la parentalité devient un outil de promotion de soi, offrir une draisienne à son enfant figure un nouveau passage presque obligé. L'acquisition de ce véhicule à deux roues que les petits propulsent avec leurs pieds est un moyen subtil de signifier au monde qui vous entoure votre volonté de faire croître, dès son plus jeune âge, une progéniture « équilibrée » – et donc de faire advenir un monde meilleur. Lorsque vous croisez d'autres parents, vous ne cessez alors de répéter cette phrase mantra : « Oui, la draisienne, c'est super bon pour l'équilibre. »

Comme un arracheur de dents

Parmi ces rituels, il en est d'autres qui sont beaucoup plus anciens et n'ont pas de rapport direct avec la mise en lumière de vos capacités éducatives (quoique). C'est le cas du rituel de la petite souris, auquel j'ai été confronté la semaine dernière, lorsque mon plus jeune fils a perdu sa première dent. « Perdu » est d'ailleurs un terme impropre, puisqu'il est en réalité allé se la faire arracher chez la dentiste, une autre incisive ayant déjà commencé à percer à l'arrière du palais – avec un peu d'imagination, on aurait presque pu y voir une métaphore de la difficile passation de pouvoir entre Donald Trump et Joe Biden.

Après avoir été encouragé par la dentiste comme un décathlonien en plein effort (« C'est bien champion, ouvre la bouche. Bravo champion ! »), mon fils a consenti à ce que la pince fasse son ouvrage, ce qui lui a permis de repartir avec un petit cadeau : un mini-labyrinthe à billes, au fond duquel s'affichait un visage au sourire édenté. On n'abandonne pas comme ça un bout de soi, sans une rétribution en retour. C'est donc tout fier, avec un gadget *Made in China* dans l'escarcelle et un trou en plein milieu du râtelier du bas, que mon fils est rentré à la maison, tenant entre les mains le précieux reliquat dentaire, enfermé dans une petite malle en plastique bleu.

Une fois passées les félicitations d'usage, tout un protocole s'est soudain activé, de manière quasi réflexe. Avec des voix de conspirationnistes, perpétuant aveuglément une tradition que nous avons nous-mêmes vécue étant petit, nous avons fait savoir à mon fils que la petite souris allait passer pendant la nuit. Qu'il allait donc falloir mettre la dent sous l'oreiller. Et dormir profondément.

Largement répandue, la petite souris est une pratique que l'on retrouve notamment en Italie, au Portugal, en Espagne, en Argentine, au Mexique, en Colombie, en ex-URSS. Dans les pays anglophones, le rongeur est remplacé par un elfe, une fée ou un lutin. Ailleurs, comme en Bulgarie, c'est un corbeau qui officie. Mais quelles que soient les entités imaginaires qu'il convoque, ce rituel m'a toujours posé question. Est-ce un moyen de ménager la possibilité du merveilleux dans un monde hyperrationaliste ? Un rite de passage entre deux âges ? Ou bien, en érigeant le bobard au rang de jalon de croissance, le terreau fécond d'une épidémie de *fake news* à venir ?

Un article publié dans la revue *The Lancet* par Kathy McKay et Chris Boyle[8] a montré que ce type de fables – ici, en l'occurrence, celle du Père Noël – pouvait avoir un effet délétère sur les enfants, qui se disent : si mes parents sont capables de mentir pour ça, pourquoi ne le feraient-ils pas à propos d'autre chose ? Loin de favoriser les infox, la petite souris pourrait donc a contrario stimuler la désublimation et le doute cartésien chez l'enfant, tout en suscitant une perplexité chronique chez le parent. Car ce rituel est un cadre global dont il faut à chaque fois, dans l'urgence, renégocier les modalités précises de mise en œuvre.

De la superstition au rationalisme tout-puissant

Combien d'argent placer sous l'oreiller ? (On a opté pour 8 euros en pièces, afin de rétribuer la souffrance de l'arrachage). Que faire de toutes ces dents ? (Sachez, au passage, que les conserver peut sauver la vie de votre enfant, en permettant, dans le futur, des greffes de cellules-souches.) Si les détails varient d'une fois sur l'autre et peuvent susciter des questionnements (« Comment ça, je n'ai eu que 2 euros ce coup-là ? ! »), le rituel de la petite souris a aussi vu son sens global évoluer. Il fut à un moment une sorte de commerce superstitieux avec les esprits animaux dans le but de faire advenir une dentition saine, puis s'est transformé, sous l'effet de l'urbanisation et de la démocratisation des dentistes, en une usine à gaz

8 https://www.thelancet.com/journals/lanpsy/article/PIIS2215-0366(16)30363-7/fulltext

psychanalytique visant à éviter à l'enfant un traumatisme de castration lié à la perte de la dent de lait. Au XXe siècle, la petite souris, c'était un peu Françoise Dolto avec une queue et des poils.

Aujourd'hui, il semble que les choses évoluent vers une forme de happening occulte célébrant le rationalisme tout-puissant. En même temps qu'il fait droit à des modes de pensées enfantines alternatifs où dominent le merveilleux, la croyance féerique, la magie, l'adulte, dans la pénombre de la chambre à coucher, en planifie méthodiquement le dynamitage. Avec la révélation du pot aux roses qui intervient généralement en CE1 (*spoiler* : la petite souris n'existe pas), l'enfant sera donc invité symboliquement à entrer dans le monde des grands, ce passage tant désiré correspondant à l'adoption d'une grille de lecture rationnelle du monde. « Ta façon de penser, à base de doudous vivants et d'arbres qui parlent, n'est pas la bonne », susurre la petite souris à l'oreille du jeune affranchi.

Ces dernières années, via les réseaux sociaux, un nouvel avenant est venu se greffer à ce rituel. Désormais, le must, c'est de faire savoir que votre enfant a dévoilé lui-même, par un habile contre-stratagème, l'inanité de cette histoire de rongeur, devenant alors un agent proactif de la lutte contre l'enfumage.

Pédiatre de profession, Fahd Ahmad détaillait ainsi en 2018 sur Twitter, sous le pseudo de « Rogue Dad », la ruse mise au point par son fils pour confondre ses parents fabulistes : « Je viens d'apprendre que notre fils de 9 ans avait fait une expérience sur nous. Il a perdu une dent, n'en a parlé à personne pendant trois jours, et l'a mise sous son oreiller. Aucun dollar. Il nous a ensuite dit qu'il avait perdu sa dent, et la nuit d'après il y avait de l'argent sous son oreiller. Il nous a confrontés à des preuves scientifiques montrant que la petite souris n'existait pas. » Dans un monde adulte devenu fou, c'est désormais l'enfant qui est le gardien des derniers reliquats de la Raison.

LES « MONSTRES D'ACTU », NOUVELLES TERREURS DES ENFANTS

Souvent, au moment de s'endormir, mon fils cadet me fait part de ses angoisses enfantines. Il y aurait « des monstres dans le placard », dit-il, en désignant les deux portes battantes de la penderie. Incroyablement vivace, la peur du monstre est récurrente chez l'enfant, puisque ce dernier, jusqu'à un certain âge, ne fait pas vraiment de différence entre le fruit de son imagination et le monde réel. « Chez les enfants, les peurs apparaissent souvent comme des étapes de maturation et sont liées à des émotions archaïques comme l'abandon ou la dévoration », explique la thérapeute Stéphanie Couturier, dans son ouvrage *Aider votre enfant à maîtriser ses peurs*[9].

Lorsque je discute avec mon fils pour essayer de le rassurer, revient, au fil de la conversation, une figure monstrueuse plus effrayante que les autres, celle du « voleur d'enfants ». D'où sort cette étrange expression, un poil vintage ? À 6 ans, mon fils serait-il tombé sur une spéciale « Crimes et faits divers » consacrée à Michel Fourniret en zappant sur NRJ 12 ? C'est une hypothèse que l'on ne peut exclure. Pour lui, le « voleur d'enfant » est une catégorie un peu fourre-tout, aux frontières de la pédophilie, du kidnapping et de l'infanticide, synthétisant un ensemble de menaces dont

---

9 Stéphanie Couturier, *Aider votre enfant à maîtriser ses peurs. Exercices et outils pour apaiser ses émotions*, Paris, Marabout, 2017.

les échos sont parvenus jusqu'à lui. Cette vision horrifique s'articule à une angoisse plus générale du trépas. Mon fils, qui ne cesse de nous répéter qu'il veut vivre « jusqu'à 120 ans », s'est, il y a peu, découvert mortel, ce qui n'est jamais facile.

Problématiques sociétales

Sa peur est donc un mélange d'imaginaire (ce truc dans le placard où l'on a pourtant vérifié qu'il n'y avait rien), de menace hypothétique (ces prédateurs qui rôdent dans les rues de nos villes, au sein des familles, des institutions) et de trouille plus globale de la disparition. Mais cette angoisse protéiforme semble aussi décuplée par la morosité du climat ambiant. Quand je demande à mon fils d'où sortent ces monstres, il me répond qu'ils viennent « de la réalité », des histoires que nous, ses parents, évoquons en discutant, à table ou ailleurs, comme lorsqu'on débriefe un fait divers, par exemple. On ne s'en aperçoit pas forcément, mais les récits sombres qui caractérisent la période actuelle rebondissent en cascade sur la psyché des plus jeunes, et l'obscurcissent.

Voyant leur part fantasmatique s'amenuiser au profit de leur part réelle, les figures effrayantes qui peuplent les esprits des petits sont donc, de plus en plus souvent, des « monstres d'actu », synthétisant les problématiques sociétales dont nos journaux et nos JT regorgent. Comme le révélait un sondage Ipsos/Secours populaire de 2019[10], 62 % des enfants fran-

10 https://www.secourspopulaire.fr/ipsos-barometre-sondage-enfants-pauvrete-precarite

çais de 8 à 14 ans craignent de devenir pauvres un jour, alors qu'ils n'étaient « que » 58 % quatre ans plus tôt. On peut voir là un sous-produit du souci global des parents, qui ne sont plus que 3 % (sondage Gece, 2019) à penser que leurs enfants vivront mieux qu'eux. Ce défaitisme chronique du tuteur accentue certainement l'incidence de ce que l'on appelle les « peurs transmises ».

Dans ce climat, l'enfant, souvent considéré comme un petit adulte en puissance, se trouvera parfois intégré à des débats de grands qui le dépassent, des discussions plombantes dont les enjeux auront sur lui un effet d'autant plus violent qu'il n'a aucun moyen intrinsèque de les relativiser. « Les enfants n'ont pas encore un cerveau tout à fait mature et ne réagissent pas comme les adultes, précise la thérapeute Stéphanie Couturier. En effet, malgré une amygdale cérébrale tout à fait opérationnelle (donc un centre d'alerte au top dès la naissance), le cortex sensoriel (centre d'analyse des sens) et l'hippocampe (siège de la mémoire) sont, eux, encore immatures. On comprend dès lors qu'un enfant n'a pas les moyens physiologiques pour se calmer et se raisonner par lui-même. »

Sans digue pour contenir la réponse émotionnelle, le monstre d'actu ne pourra que grossir au fur et à mesure que s'accumuleront les strates de nouvelles catastrophes. Lorsque ce ne sont pas des bribes de conversations qui parviennent à leurs oreilles ou des images qu'ils chapardent sur une chaîne télé, les jeunes, qui reçoivent en moyenne leur premier smartphone avant 10 ans (étude « La Parentalité à l'épreuve du numérique », 2020), s'immergent alors par eux-mêmes dans ce bain d'infos inquiétantes. Aujourd'hui, 71 % des 15-34 ans consultent quotidiennement l'actualité sur les réseaux sociaux et 15 % se déclarent même « accro » à l'information (Médiamétrie, 2017).

Des pouvoirs incroyables

Dans la tranche d'âge du dessous, le pouvoir anxiogène de l'actualité est également manifeste, ainsi qu'en atteste « L'encyclopédie des monstres », un petit livret réalisé en cours d'art plastique par des CM1 et CM2 de l'école de mes enfants, que nous nous sommes procurés auprès d'un jeune lanceur d'alerte. Dans ce document combinant textes et gravures, on découvre des monstres tels que les enfants de 9 à 11 ans les imaginent aujourd'hui. Beaucoup de ces entités ont des pouvoirs incroyables, comme « la refermeture des blessures » (Venomo) ou la capacité à transformer quiconque « en statue » via un simple regard (Veikulia). Leurs régimes alimentaires sont horriblement variés : les monstres mangent des pommes, des zombies, des *râmen* (plat japonais à base de pâtes et de bouillon), des croque-monsieur, du McDo...

En vivant loin de la civilisation, au fond des mers, dans la forêt amazonienne, ou bien « dans une cité inca perdue dans un monde parallèle », ils réussissent à échapper à l'influence néfaste des activités humaines. Mais le plus notable, dans ce bestiaire qui procède souvent d'hybridations flippantes (humain-serpent), est sans doute l'influence qu'y exerce l'actualité plus ou moins immédiate. Avec son masque sur le visage et sa bonne tête de virus hérissé de pics de protéines, « Fantôme Covid », qui se nourrit exclusivement de merguez, fait directement référence à la pandémie. Tout comme SirenHead, qui « vit en Algérie », « mange du kebab » et est malheureusement atteint du « Covid-50 ».

Si beaucoup de monstres se présentent comme de simples composés de peurs ancestrales et de préoccupations plus contemporaines, d'autres apportent des solutions. C'est le cas de la « Vampipieuvre », bestiole à cinq yeux et sept tentacules, dont le CV laisse pantois : « Je nage à 1 000 km par seconde. Je mange du plancton et des algues. Je vis dans les profondeurs de l'Atlantique. Je purifie les océans. » Et que dire de « Néné le poulpe terrestre » ? Parce qu'il a l'incroyable pouvoir de « transformer la lave en eau », le séquençage de son génome pourrait permettre de résoudre le problème du réchauffement climatique. Ouf, non ! ?

LES VERTUS ÉDUCATIVES DE L'APÉRO

Lorsqu'on devient parent pour la première fois, on est généralement plein de bonnes résolutions. On se dit : « Hors de question que cette petite chose geignarde qui me confond avec un distributeur de plats chauds m'empêche de vivre ma vie d'avant, celle des soirées ciné électrisantes, des apéros interminables et des virées au resto décidées à la dernière minute. »

Quelques mois plus tard, vous êtes obligé de vous rendre à l'évidence : malgré votre bonne volonté initiale, vous vous êtes malheureusement transformé en distributeur de plats chauds, assumant par ailleurs tout un tas d'autres fonctions éreintantes auxquelles vous ne vous attendiez pas forcément.

Aller au ciné dans un tel contexte ? Entre la fatigue qui risque de vous plonger dans un profond sommeil après la réclame et le prix de la baby-sitter, ce n'est même pas la peine d'y penser. Le resto ? Si vous arrivez à coller votre poussette à trois roues entre deux tables et à maîtriser plus d'une heure vos enfants dans un espace confiné, l'idée reste encore envisageable ; mais plutôt comme une folie exceptionnelle.

Moment festif

Non, en réalité, le seul rituel qui survit de votre hédonisme d'avant, c'est celui de l'apéro. Praticable en plein air, tolérant aux effusions vocales, nécessitant une organisation minimale, il s'adapte parfaitement à ce pur-sang remuant qu'est l'enfant.

Les miens adorent l'apéro. Au fil du temps, je me suis aperçu que cette tradition profondément ancrée dans la culture française était devenue, à mon insu, un des modules les plus appréciés de mon projet éducatif. Formidable pour l'ouverture d'esprit, la première vertu de ce moment festif est de montrer qu'un autre régime de normes est possible.

Quand les enfants entendent le mot-clé « apéro », ils savent instinctivement qu'ils vont pouvoir s'empiffrer de Pringles, avaler des mini-saucisses fumantes et s'imbiber de jus de fruit sans qu'aucun regard réprobateur ne se pose sur eux.

Sous l'effet de la boisson, le parent laisse soudain tomber ses diktats habituellement si stricts, oubliant la chasse au sucre, capitulant face aux mauvaises graisses, bafouant parfois les règles d'hygiène les plus élémentaires. « Ta tranche de salami est tombée par terre ? C'est pas grave mon chaton, tu peux la manger quand même, c'est bon pour ton immunité... », plaide alors celui/celle qui se balade le reste du temps avec sa fiole de gel bactéricide toujours à portée de main.

Desserrer l'étau

L'apéro a donc pour effet collatéral de desserrer l'étau du précautionnisme parental, qui est une des plaies éducatives de ce début de siècle. Soudain considéré comme un mini-adulte et non plus comme une chose fragile qu'il convient de surprotéger, l'enfant en âge de parler est parfois invité à aller commander lui-même au comptoir sa pinte de grenadine.

Le parent le couve alors d'un regard attendri, voyant en ce petit être moins haut que le zinc un futur pilier de la convivialité hexagonale. Attention, n'oubliez pas de trinquer avec lui les yeux dans les yeux, car dans le cas contraire, il vous rappelle à l'ordre avec véhémence, comme si vous veniez de contrevenir au bon déroulement d'une procédure liturgique.

Lorsque les festivités s'éternisent, il arrive de temps à autre que les parents boivent un peu trop et relâchent leur surveillance, au risque de perdre leur progéniture au milieu d'une foule de fêtards avinés. Je pense que l'on touche là à la limite des présumées vertus éducatives de l'apéro. Je me suis d'ailleurs posé récemment pas mal de questions en constatant que mes deux fils se battaient pour la conquête du tire-bouchon et l'accès à cet immense privilège qu'est l'ouverture des bouteilles. « Eh papa, on boit du vin ! », se réjouissent-ils par ailleurs, lorsqu'ils se retrouvent à vider un verre de jus de raisin.

Au motif de dynamiter joyeusement un carcan éducatif et de transmettre les mœurs débridées de notre beau pays aux générations suivantes, n'étais-je pas en train, finalement, de participer à une banalisation de l'alcool au moyen d'une imprégnation mimétique ? N'est-il pas structurellement dangereux de lier dans ces cerveaux encore en formation le sentiment grisant de liberté avec la consommation de boisson alcoolisée ?

Gueule de bois

Une étude britannique est venue confirmer mes craintes. Après une enquête réalisée auprès de 1 000 personnes, l'Institut britannique des études sur l'alcool (IAS) a démontré qu'il était néfaste de boire devant ses enfants[11]. Que cette consommation soit massive ou modérée importe peu, l'enfant ayant pour particularité de ne pas faire de distinction entre un adulte légèrement « pompette » et un adulte « saoul ».

Alors que 29 % des sondés pensent qu'il est acceptable de se retrouver en état d'ébriété en présence de sa descendance du moment que c'est occasionnel, ils ne mesurent pas bien le trouble émotionnel que peut générer un tel comportement.

Un enfant sur cinq se sent ainsi gêné par la consommation d'alcool de ses parents, certains allant même jusqu'à s'avouer « inquiets » (11 %). Les changements de manière d'être, le fait que le parent se met à parler beaucoup plus qu'à l'habitude avec son enfant (dans 7 % des cas) ou au contraire à lui témoigner moins d'attention (15 %) pourraient participer de cette anxiété. Si les dangers de la boisson ne sont pas soulignés au travers de discussions appropriées, ce folklore festif pourrait même avoir, à terme, des effets favorisant l'alcoolisme adolescent. À l'issue de cette chronique, la conclusion est sans appel : une bonne partie de mon modèle éducatif souffre d'une sévère gueule de bois.

11 https://www.ias.org.uk/alcohol_alert/november-2019/

L'AIRE DE JEUX, OU LES DANGERS DU RISQUE ZÉRO

Avec la pandémie, les aires de jeux sont devenues un peu l'équivalent de la mer de Chine, en termes à la fois d'intensité du trafic et d'enjeu géostratégique. Prises d'assaut, elles sont aujourd'hui fréquentées, en plus des enfants, par un public aux aspirations hétéroclites. Quand certains profitent des agrès pour faire des tractions, d'autres ont entrepris de transformer ces espaces en zone d'apéro sauvage, tablant sur le fait qu'on y trouve quasi systématiquement des bancs.

L'aire de jeux, c'est le Gymnase Club d'un monde sans Gymnase Club, en même temps que le dernier salon où l'on cause, une bière à la main. On s'y retrouve, d'une certaine manière, sous la protection enfantine, ce lieu ceint figurant un carré résiduel où hédonisme et insouciance vont encore à peu près de pair. « Ben, ils ne vont quand même pas venir me chercher là », se dit-on, en pensant aux exécutants zélés de la politique sanitaire, dont l'efficacité statistique semble parfois se compter moins en personnes vaccinées qu'en prunes distribuées.

Eh bien ça, c'était dans le monde d'avant ! Car depuis le dernier confinement, pour tenter de limiter les brassages de population et la propagation du virus, la consommation d'alcool est interdite sur la voie publique ; ce qui fait que l'aire de jeux y a perdu son statut de zone franche. Un week-end, assis dans un parc avec des amis à Paris, j'ai ainsi pu observer le ballet de trois policiers en civil qui ont passé leur après-midi à surveiller avec un zèle presque indécent, depuis un petit promontoire, l'aire de jeux en contrebas, comme s'il s'agissait d'un laboratoire de fabrication de méthamphétamine.

À chaque fois qu'ils apercevaient un parent sortant sa canette et s'apprêtant à la porter à ses lèvres, ils fondaient sur le contrevenant en lui intimant d'arrêter ça tout de suite, sur-le-champ, immédiatement, sinon « c'est 135 euros d'amende ». Il est étonnant de voir qu'on peut aujourd'hui consommer du crack sur la place Stalingrad à la vue de tous sans être véritablement inquiété, mais que boire un coup à l'aire de jeux semble désormais mettre en péril la sécurité nationale. On ne dit pas que c'est forcément édifiant de voir des parents téter leur cylindre de Goudale devant des enfants qui font le cochon pendu, mais juste que le déploiement de force est ici totalement disproportionné...

Un précipité de notre rapport au risque

À moins que ?! À moins que l'aire de jeux ne soit effectivement un lieu stratégique où se concentrent, en une sorte de précipité symbolique, tous les enjeux névrotiques de notre rapport au risque. L'Histoire semble plaider en faveur de cette hypothèse. Sous le nom de *playground*, les aires de jeux apparaissent aux États-Unis à la fin du XIXe siècle, et se développent rapidement au début du XXe, comme corollaires de l'industrialisation et de l'urbanisation accélérée. « Les jardins d'enfants serviront de matrice pour l'invention d'une technologie de pouvoir dont l'étude pourrait figurer dans un cours de Michel Foucault », peut-on lire dans la revue *Jef Klak*, sous la plume de Ferdinand Cazalis.

D'emblée, ces espaces sont conçus comme des lieux de domestication du jeu enfantin qui s'y trouve placé sous le regard des adultes, parents, policiers, travailleurs sociaux, quand ce n'est sous leur supervision directe. L'aire de jeux n'est donc pas ce point de ralliement où les plus jeunes seraient simplement invités à s'amuser, mais un endroit où le jeu enfantin est contraint par un régime panoptique.

Cette culture de l'aire de jeux se bâtit en contrepoint de celle de la rue, qui possède un pouvoir supposément corrupteur. Avec ses balançoires, ses échelles, ses toboggans, elle est censée fortifier les muscles en même temps que pacifier l'esprit, en permettant, note Ferdinand Cazalis, « une dépense excédentaire de l'énergie de l'enfant qui ne travaille pas encore ». Occupée à grimper aux barreaux d'une structure métallique, la graine de communiste en culotte courte ne pensera ni à faire la révolution, ni à aller casser les carreaux du voisinage.

En plus de son rôle dans la formation morale de la jeunesse, l'aire de jeux a aussi pour fonction de libérer les rues pour la circulation des travailleurs et des biens. En ce lieu, on trouve ce que les sociologues appellent, dans leur jargon si poétique, des *aménagements inducteurs d'activités*. Malgré son petit côté pompeux, le terme traduit une chose importante : ici, les jeux ne sont pas tant libres que subrepticement suscités, selon un modèle de persuasion douce que l'on peut rapprocher du *nudge*.

Si l'aire de jeux est un endroit si sensible, ce n'est pas un hasard : le jeu véritable fait peur. Son rapport privilégié à l'imagination créatrice, son pouvoir de dynamiter les carcans, sa gratuité joyeuse pourraient même en faire le ferment d'une société nouvelle. D'où le puissant contrôle social qui s'exerce sur lui, dès le plus jeune âge. Pourtant, une autre aire de jeux est possible, comme l'a montré l'expérience des *adventure playgrounds,* qui ont vu le jour au Danemark en 1943, avant de s'implanter en Angleterre, souvent sur d'anciens sites bombardés.

Là, les enfants pouvaient jouer librement. Grâce à tous les objets qui y traînaient, il leur était possible de fabriquer leurs propres outils, tout en se livrant à leur passion exutoire pour la destruction. Malheureusement, cette vision autogestionnaire et punk n'est pas celle qui s'est imposée. Au tournant des années 1980, comme en témoigne *Kramer contre Kramer*[12], où un accident à l'aire de jeux devient un des climax émotionnels du film, c'est l'obsession du risque qui s'installe. J'avoue : comme beaucoup de parents, « attention ! » est sans doute un des mots que je répète le plus souvent à mes enfants. À force, nos mentalités sont devenues comme ces revêtements amortissants, qui protègent les corps, mais interdisent toute expérimentation libre et transformatrice.

Sans terre à portée de main, exit la patouille, activité ayant connu un fort déclin dans les métropoles durant ces dernières décennies. Signe des temps, à Paris, la mythique aire de jeux en bois du parc de

12 Robert Benton, *Kramer contre Kramer*, 1979.

Belleville, où mes enfants adoraient se planter des échardes dans les tibias et échapper au regard parental en empruntant des passages secrets, a été démontée ; et le sol recouvert de ces endémiques granulats de caoutchouc. Si la géopolitique de l'aire de jeux est révélatrice de quelque chose, c'est donc de notre rapport totalement schizophrénique au risque, marqué par un double mouvement de fétichisation hystérique et de négation absolue. En résumé : on accepte que nos enfants vivent demain dans un monde inhabitable, mais on ne supporte plus qu'ils s'égratignent le genou.

LA CHOUQUETTE, CETTE PÂTISSERIE QUI NOUS GARDE EN ENFANCE

Qu'est-ce qu'un enfant ? Si cette interrogation anthropologique traverse à des degrés divers les pages de ce livre, nous n'avons à ce jour trouvé qu'une réponse valable à cette question abyssale : un enfant, c'est cet être vivant qui arrive à obtenir des chouquettes gratuites à la boulangerie. Cet étrange pouvoir se manifeste régulièrement le dimanche matin lorsque, le cheveu en bataille, en compagnie de mes deux fils, je pars acheter « une tradition et une baguette viennoise ». À peine entré dans le commerce, c'est comme si une alarme retentissait dans l'esprit de l'accorte boulangère. Ses cervicales gyroscopiques se tournent alors vers nous et, avec un grand sourire, elle émet généralement une phrase du type : « Ohoho, je crois qu'il y a des enfants par ici ! Vous voulez une chouquette, les loulous ? »

Sous leurs bonnets d'oursons en poils synthétiques qui leur donnent des airs de trumpistes attaquant le Capitole, mes deux fils opinent alors mécaniquement du chef, en même temps que du couvre-chef. Même si je suis à leurs côtés, je me trouve à chaque fois privé de distribution, signe que la chouquette est, dans sa version gratuite, un discriminant générationnel : elle trace une ligne de démarcation nette avec le monde adulte, venant rituellement souligner que l'enfant se trouve en dehors de la sphère marchande.

Un temps merveilleux

Valeur inestimable qui ne s'accumule ni ne se transfère, l'innocence du jeune âge, et seulement elle, permet d'accéder à ce bien sans débourser le moindre centime. Voilà pourquoi, à certains égards, la chouquette offerte pourrait presque s'apparenter à la « manne », ce don alimentaire providentiel. Néanmoins, un esprit un peu retors serait également susceptible d'y voir l'instrument d'une habile manœuvre de la boulangère. Dans une optique pavlovienne, cette prodigalité aurait alors pour objet d'inciter les enfants à traîner leurs parents dans ladite boulangerie, où les chouquettes semblent tomber du ciel.

Flirtant avec le complotisme pâtissier, ce scénario impliquerait que le monde soit peuplé de gens incroyablement machiavéliques, ce qui est loin d'être (toujours) le cas. Pour la boulangère, ce geste semble au contraire accompli « de bon cœur », lui permettant de rompre un instant le cercle commercial dans lequel son activité se trouve contenue. En voyant son entrain à contenter les plus petits, on peut supposer que l'instauration de cette gratuité renvoie alors la commerçante à sa propre enfance et constitue une célébration de ce temps merveilleux où, pour elle, tout n'était que don.

Devenue rituelle, la chouquette fonctionne a priori pour les plus petits comme un objet transitionnel, ces fétiches (doudous, nounours baveux) que les enfants adorent porter en bouche. Avec ses petits picots de sucre et ses rondeurs moelleuses, elle figure, avec un peu d'imagination, un substitut du sein de la mère. Comme l'a souligné le psychanalyste britannique Donald

W. Winnicott, l'objet transitionnel, qui est à la fois moi et non-moi, permet d'envisager sans angoisse la séparation progressive. Néanmoins, parce qu'elle invite à la dévoration concrète, la chouquette porte en elle le risque d'une cannibalisation du processus même de transition. Le rapport privilégié et complexe que cette pâtisserie entretient avec la vie psychique doit nous conduire à être vigilant : pour un enfant, ne plus obtenir de chouquette gratuite n'est jamais quelque chose d'anodin.

Mon fils aîné, à qui cette mésaventure est arrivée à plusieurs reprises, en a été notablement affecté. Il faut dire que son gabarit n'a pas plaidé en sa faveur. Âgé de 9 ans, ce gaillard s'habille déjà dans du 14 ans et fait donc bien plus que son âge. C'est en raison de ce corps de préado que nous nous sommes décidé (ou résolu) à l'envoyer seul à la boulangerie. Mais une fois dans le commerce, ce physique hors norme s'est mis à lui jouer des tours. Quand il est seul, les cervicales gyroscopiques de la boulangère ne se tournent plus vers lui, et il repart sans son bonus sucré. En revanche, s'il se rend dans le commerce avec son frère âgé de 6 ans, la procédure permettant d'obtenir des chouquettes gratuites se trouve soudain réactivée.

Chaque virée en solitaire à la boulangerie confine donc désormais, pour mon fils aîné, au mini-drame potentiel. Car ne pas obtenir de chouquette, c'est – en plus de passer à côté d'une bonne occasion de se régaler – ne plus vraiment être reconnu comme un enfant, et se trouver soudain expulsé d'un royaume merveilleux où les privilèges glycémiques abondent. Pour dédramatiser, nous avons imaginé ensemble des solutions. Faire floquer un tee-shirt « I love chouquette ».

Commander « la tradition et la baguette viennoise » avec une voix exagérément enfantine. Mais tout cela ne fait que mettre l'accent sur une réalité difficilement acceptable : mon fils a grandi.

Célébration de l'« enfulte »

Si c'est quelque chose qui n'est pas forcément facile à avaler du point de vue du parent, grandir n'est pas non plus ce à quoi nous invite en priorité une époque qui célèbre à tout-va l'« enfulte » (l'enfant adulte) et l'« adulescent » (l'adulte adolescent). Dans ce contexte, les « objets transitionnels » théorisés par Winnicott voient leur lustre pratique et conceptuel se ternir. Et leurs fonctions s'inverser.

Aujourd'hui, ils tendent ainsi à devenir des « objets non transitionnels », permettant symboliquement d'éviter toute césure entre l'enfance et l'âge adulte. Offertes en masse dans les entreprises, les chouquettes traduisent cette volonté de rester dans le cocon ouaté de l'insouciance enfantine[13]. Ce nouveau pouvoir conféré aux objets s'exprime notamment au travers du rapport à l'ours en peluche. Emblématique de l'objet transitionnel que l'on laissait un jour dans un coin parce qu'on avait grandi, ce repaire pour acariens nous suit désormais durant toute la vie, ainsi qu'il est joliment conté dans le film *Ted* (2012), de Seth MacFarlane.

Un soir de Noël, John Bennet, un jeune garçon de 8 ans, formule un vœu qui se voit exaucé comme par magie : son ours en peluche, Ted, devient vivant. Amis

13 [NdE] voir Nicolas Santolaria, *Le Syndrome de la chouquette. Ou la tyrannie sucrée de la vie de bureau*, Paris, Anamosa, 2018, p. 195-197.

inséparables, les deux compères évoluent ensemble, et finissent par vider des bières sur un canapé en regardant en boucle des épisodes de *Flash Gordon*. Tout le ressort comique du film (ainsi que sa profondeur) repose sur l'idée que cet ours en peluche non transitionnel, obsédé et immature, finit par empêcher John de grandir et de vivre une vie adulte épanouie auprès de sa copine. Une fable ? Plutôt un nouveau théorème psychanalytique.

BABY BOSS, L'INFLUENCE AU TEMPS DES MINI-MENTORS

REFLETS DU MONDE

C'EST POUR LE BIEN DE LA PLANÈTE, PAPA !

« POURQUOI LA DAME ELLE EST TOUTE NUE ? »

Jadis, le catalogue de La Redoute (et plus particulièrement ses très instructives pages lingerie) fut un support d'émois érotiques clandestins pour nombre de jeunes gens. On le dévorait compulsivement à l'abri des regards avant de le remettre fébrilement à sa place, comme si de rien n'était.

Cette focalisation érotique sur un ouvrage de vente par correspondance était révélatrice du fait que le régime visuel d'alors se trouvait, sur le plan de la représentation du corps de l'autre, marqué par la pénurie. Dans ce monde de disette iconographique, la simple courbe d'un sein engoncé dans un soutien-gorge balconnet suffisait à alimenter durablement votre usine à fantasmes. Aujourd'hui, à l'inverse, nous vivons dans un univers de profusion, voire de surenchère.

Du clip *Anaconda*, de Nicki Minaj[14], avec son ambiance d'orgie tropicale, à la pub Gifi qui simule un cunnilingus, le corps sexualisé est partout, accessible jusque dans sa plus profonde intimité. Rien d'étonnant, alors, à ce que la danse en vogue dans l'école de mes fils se nomme le « sexe boule », une chorégraphie explicite où il s'agit de bouger érotiquement ses fesses. D'après une étude Ifop de 2017 pour l'Observatoire de la parentalité et de l'éducation numérique (Open), entre 10 et 11 ans, 10 % des filles et 9 % des garçons ont déjà vu des images pornos sur smartphone,

---

14 Chanson issue de l'album *The Pinkprint* (2014); clip : https://www.youtube.com/watch?v=LDZX4ooRsWs

tablette ou ordinateur, ce premier contact s'effectuant majoritairement seul et par hasard. 53 % des hommes et 59 % des femmes interrogés estiment qu'ils étaient « trop jeunes » lorsqu'ils ont été pour la première fois exposés à ces contenus[15].

Bref, à l'âge où vous regardiez Casimir grimper sur son haricot magique, votre petit dernier est peut-être bouche bée devant une scène de gang-bang, tout ça parce que vous avez eu la faiblesse de croire que la tablette ferait une bonne baby-sitter.

Comportements abusifs chez les très jeunes enfants

Mais la sphère de l'imprimé n'est pas en reste. En 2018, la comédienne et mère de famille Florence Foresti s'énervait sur son compte Instagram contre les couvertures suggestives du magazine *Hot Vidéo* : « Est-ce qu'on est vraiment obligé de se taper ça tous les jours sur nos kiosques ? Pour mémoire, les enfants ont des yeux. Et un cerveau. »

Je vois tout à fait de quoi elle parle : les miens, d'enfants, semblent avoir développé un radar leur permettant de localiser le moindre bout de téton pointant dans la jungle de signes du décor urbain. Ces images qui marquent les jeunes esprits seraient assimilables, selon le psychiatre Didier Lauru, à des *« abus sexuels psychiques »*. Parfois assorties de scénarios de domination où la femme est avilie, de pareilles scènes peuvent – même si ça n'a rien de systématique – déclencher des comportements mimétiques extrêmes.

---

15 https://www.ifop.com/wp-content/uploads/2018/03/3698-1-study_file.pdf

En 2018, en Australie, une fillette de 6 ans a été violée par deux camarades de 7 ans qui venaient de regarder du X sur leur téléphone. Phénomène isolé ? À voir. Au travers de témoignages d'enseignants, un article publié en 2016 par *The Guardian* soulignait la montée en puissance de comportements sexualisés et souvent abusifs chez les très jeunes enfants, avec notamment des problématiques de harcèlement et d'agression sexuelle à l'école. Que votre petit dernier devienne l'inspirateur d'un hashtag #balancetonporcelet n'est donc pas totalement à exclure.

À cette pornographie de plus en plus accessible s'ajoute un érotisme diffus et omniprésent. Depuis quelque temps, je me suis aperçu que mes enfants potassaient assidûment les magazines que je laissais traîner – *Les Inrocks*, *Stylist*... Ces publications n'ont rien de très sulfureux, et pourtant : certaines images qui paraissent banales à un cerveau adulte baignant de longue date dans un univers consumériste érotisé vont soudain faire un effet bœuf sur un jeune esprit en formation.

Fabrique industrielle du désir

Récemment, mon fils cadet est même venu me voir en brandissant triomphalement un exemplaire de *Vanity Fair* avec, en couverture, une vieille photo vintage de Françoise Hardy dans une minijupe en métal signée Paco Rabanne. Caressant ces quelques centimètres carrés de peau nue avec envie, son regard gourmand semblait soudain avoir découvert l'Atlantide.

D'un côté, je me suis dit : bon, ce n'est pas si grave que cela, il s'informe. Après tout, moi aussi j'ai piqué La Redoute de mes parents (sans parler de leur encyclopédie de sexologie). Mais d'un autre côté, en y réfléchissant bien, ce qui me dérange dans ce cas, c'est que les enfants n'ont presque pas le choix. Où que se tourne leur regard, il baignera dans ces stimuli sexuels qui constituent le pétrole bas de gamme de la société marchande.

« Nos enfants sont des buvards. Ils ont intégré ces codes », résument Anne de Labouret et Christophe Butstraen dans leur ouvrage instructif *Parlez du porno à vos enfants avant qu'Internet ne le fasse*[16]. Banalisée, cette fabrique industrielle du désir au travers des images place l'enfant dans un état d'excitation presque imposé. Mes fils se retrouvent ainsi à devoir gérer les mêmes préoccupations mammaires que Russ Meyer, le célèbre réalisateur de *Mega Vixens*, sans avoir la capacité ni de les assouvir, ni de les sublimer.

Alors que je m'imaginais devoir aborder avec eux toutes ces questions au moment de l'adolescence duveteuse (« Vous savez, les gars, les bébés, ça ne naît pas dans les choux ! »), elles surgissent finalement bien plus tôt que prévu, non pas sous la forme d'une demande d'éclaircissement, mais sous les traits compulsifs d'une revendication crue.

« Pourquoi est-ce qu'on ne pourrait pas voir des seins ? ! Les grands, ils en regardent bien, non ? Est-ce que c'est mal ? », m'a récemment demandé mon fils aîné. Comme j'étais lancé à 130 km/heure sur l'autoroute quand m'a été adressée cette requête et que je voyais soudain se dessiner devant moi un horizon de Père la morale, j'ai pris une grande respiration pour éviter l'embardée.

---

16 Anne de Labouret et Christophe Butstraen, *Parlez du porno à vos enfants avant qu'Internet ne le fasse*, Vergèze, Thierry Souccar Éditions, 2019.

PHILOSOPHIE DE LA CROTTE SUR LE CHEMIN DE L'ÉCOLE

Ces derniers mois, le chemin de l'école s'est transformé, pour mes enfants et moi, en véritable slalom géant. Si nous tentons parfois de naviguer lestement entre les gouttes comme dans un film de Jacques Demy, la véritable raison de nos zigzags quotidiens est bien moins chatoyante : les crottes de chien.

Oui, tous les matins, nous enfilons nos costumes de citadins non pas pour participer à une comédie musicale bondissante à la gloire de l'école républicaine, mais pour sombrer dans un remake canin – et scato – de *Charlie et la Chocolaterie*. Malgré la teinte marronnasse du trajet, j'essaie de positiver et de me dire qu'avec cet entraînement intensif, je pourrai bientôt aligner mes enfants au départ du super-G de Val Gardena ; mais, en réalité, je trouve ça affreux.

Consciencieusement déposés juste devant l'entrée de deux établissements scolaires mitoyens d'un quartier populaire de Paris, ces présents intestinaux harponnent les semelles des écoliers en retard, mettent en danger le parent pressé qui risque à tout moment de glisser sur cette substance molle, et rendent la station prolongée devant l'école intenable, oblitérant du coup ce petit moment de partage entre habitants du quartier.

Cette zone odorante est devenue si inhospitalière que certains préfèrent l'éviter en arpentant le trottoir d'en face, pour ne pas risquer d'y embourber leur poussette à trois roues. Que dois-je dire à mes enfants ? Face à une telle ignominie, est-il encore possible d'opter pour la leçon de choses ?

Ciblage rituel d'une communauté innocente

« Mes chers petits, ces crottes sont le signe de l'absolue relativité de la condition d'adulte. Non, tous les grands ne sont pas des êtres responsables, et vous devez voir là un exemple emblématique de la chose à ne surtout pas faire quand vous aurez atteint l'âge de raison… »

Ce « cacagate » est loin d'être un cas isolé. En 2017, comme le relate *L'Est républicain*, des mères de famille et des assistantes maternelles de Champenoux (Meurthe-et-Moselle) ont apporté à la mairie un sac rempli des déjections récoltées devant le groupe scolaire du village.

À force de contempler ce spectacle désolant qui pourrait presque faire penser à un happening de l'extrême, j'ai fini par me dire que cette profusion matinale d'étrons, ces largages millimétrés toujours opérés aux mêmes endroits, bref cette propension au ciblage rituel de toute une communauté innocente ne pouvait pas être due au hasard. Quelqu'un se livrait à cette souillure symbolique en toute connaissance de cause, avec une méthode qui relevait de l'acharnement – sans doute dans l'anonymat glacial du petit matin.

Le message qui se dégageait de ce bombardement opiniâtre pouvait être ainsi retraduit : « Je vous emmerde, vous et vos enfants ! » À l'image de ce bout de trottoir dévasté, combien de chemins empruntés par les écoliers, combien de bacs à sable, combien de parcs où les enfants gambadent sont aujourd'hui devenus, en France, des terrains minés ? Difficile à dire.

Une chose est sûre, face à la relative impuissance des pouvoirs publics, la colère ne cesse de monter. Devant l'établissement scolaire de mes enfants, sont récemment apparues plusieurs affichettes accrochées aux arbres, sur lesquelles on peut lire ceci : « Si les élèves de cette école adoooorent les livres sur le caca... ils détestent marcher dedans. Alors si vous ne ramassez pas les crottes de chien, la petite taupe partira à votre recherche. L'étron du toutou, c'est dans le sac et le sac dans la poubelle ! Les parents d'élèves. » Derrière le ton humoristique, ce message laisse planer la menace d'une réactivation de la loi du talion.

Deux visions du monde

Souvent, avec les enfants, on en rigole et on se dit qu'on pourrait nous-mêmes aller faire caca dans le salon de la personne qui fait ça, si l'on savait de qui il s'agit. Ou bien le poursuivre avec une crotte en plastique télécommandée, stratégie adoptée par le maire de Brunete, en Espagne, pour effrayer les propriétaires de chiens indélicats.

Mais pour l'heure, les représailles n'en sont encore qu'au stade de l'intimidation civilisée. Ces affichettes vindicatives étaient illustrées par quatre albums jeunesse : *Caca et Pipi* d'Alex Sanders et Pierrick Bisinski, *Caca boudin* de Stéphanie Blake, *Léon l'étron* de Patrice Killoffer et *De la petite taupe qui voulait savoir qui lui avait fait sur la tête* de Werner Holzwart et Wolf Erlbruch[17].

---

17 Alex Sanders et Pierrick Bisinski, *Caca et Pipi*, Paris, L'École des loisirs, 2012 ; Stéphanie Blake, *Caca boudin*, Paris, L'École des loisirs, 2004 ; Patrice Killoffer, *Léon l'étron*, Paris, Thierry Magnier Éditions, 2016 ; Werner Holzwart et Wolf Erlbruch, *De la petite taupe qui voulait savoir qui lui avait fait sur la tête*, Toulouse, Milan, 1999.

Je vis là le signe de l'extrême bonne santé de ce microbiote éditorial, en même temps que la volonté louable, face à l'adversité, de faire un clin d'œil en direction de la prise de hauteur.

S'opposent ici, sur ces quelques mètres d'enrobé, deux visions du monde : d'un côté, celle des parents qui ont encore la force de mettre en avant un caca culturel, sublimé, un caca devenu discours, œuvre d'art, matière première commerciale (bref, un caca adulte) ; et de l'autre, celle du propriétaire du chien, zélateur d'un caca premier degré, vengeur, vil instrument d'une petite bassesse du quotidien (un caca infantile).

En tant que première étape sur le chemin de la propreté, l'école est cette institution qui nous contraint à la rétention physique, et on peut imaginer qu'un vieux différend se règle là, des années après, par toutou interposé. La théorie freudienne décrit le stade anal comme ce moment de maîtrise des sphincters (en général vers 2-3 ans) où l'on accède à un niveau affectif plus complexe. De cette période mal négociée peuvent découler des tendances à l'obstination ou au laisser-aller. Visiblement, notre visiteur du petit matin est resté psychiquement bloqué devant la grille de la maternelle.

LE « GILET JAUNE », SUPER-HÉROS DES PRÉAUX

D'aussi longtemps que je me souvienne, mes enfants ont toujours été gilets jaunes (je l'écris ici sans guillemets, pour ne pas confondre avec le mouvement citoyen qui porte également ce nom). En effet, dès leur plus jeune âge, engoncés dans cette chasuble fluo, ils quittaient le cocon ouaté de la crèche pour aller découvrir le monde du dehors. Ce n'était pas encore de l'exploration de rond-point, mais une petite escapade à l'aire de jeu voisine ou une virée au spectacle qui, à chaque fois, justifiait cet accoutrement d'automobiliste en surchauffe moteur.

Bien avant l'apparition du mouvement de contestation, qui s'est décliné pendant des semaines en actes théâtraux, la ville était déjà parcourue en tous sens par des colonnes de proto-gilets jaunes de moins de 1,10 m (appelons-les « gilets jeunes »), dont le vestiaire fonctionnel prend aujourd'hui un sens nouveau. Pour qui a déjà effectué une sortie scolaire dans une grande agglomération, ce vêtement figurait jusqu'ici la meilleure garantie pour ne pas perdre un enfant dans le métro à l'heure de pointe. Dans l'anonymat d'un flux d'individus interchangeables et gris, cette pièce de vestiaire sémaphorique crie de très, très loin « ouh, ouh, je suis là ! ».

Comme les bottes de sept lieues qui offrent la possibilité imaginaire d'enjamber les montagnes, le gilet jaune confère aujourd'hui le superpouvoir étendu d'échapper à la fantômatisation sociale, qu'elle soit causée par votre petite taille ou par un processus d'exclusion économico-statutaire plus complexe. Cette parenté vestimentaire entre les écoliers en vadrouille et les citoyens en colère a rapidement débouché sur une forme logique d'identification, pour ne pas dire de confusion.

En 2019, en pleines manifs des « gilets jaunes », mes enfants rentraient régulièrement de l'école en chantant à tue-tête la nouvelle ritournelle phare des préaux : « Macron démission ! » Attrapées à la volée lorsque les parents n'ont pas eu le réflexe d'éteindre BFM-TV, les images d'une France suffoquant sous les gaz lacrymogènes peuvent prendre au fond de ces petits crânes un sens nouveau, éruptif et festif, véritable antidote à la routine.

Taxer le sachet de crocrodiles Haribo

Souvent, pour entretenir leur flamme militante telle celle d'un brasero de bord de route, mes enfants me demandent de diffuser sur YouTube le titre *Gilet jaune*, du chanteur toulousain Kopp Johnson. Dans leur hit-parade personnel, cet hymne séditieux a réussi à détrôner *Ramenez la coupe à la maison*, de Vegedream. « J'ai voulu mettre l'essence, j'ai payé les taxes, faut cotiser par ci, faut cotiser par là, c'est trop cher », y entend-on, sur fond de rythmes africains.

Bizarrement, cette question des prélèvements indirects semble extrêmement sensible du côté des générations émergentes. Alors qu'il n'a jamais fait un plein de sa vie et qu'il roule en trottinette, mon fils aîné me soutient que « l'essence est trop chère ». Dans ce climat d'antifiscalisme épidémique, tenter de taxer son sachet de crocodiles Haribo à un enfant semble être une très mauvaise idée, vous exposant à un risque de fronde immédiat.

Les vacances de Noël 2019 ont encore accentué cette ambiance pour le moins étrange, où toute forme de représentation hiérarchique tend à être contestée sur fond de carnaval monocolore. Dans la voiture, mon fils aîné a, d'autorité, enfilé le vêtement sémaphorique avant de plonger dans la lecture de son Picsou. S'habiller en gilet jaune est désormais aussi couru et fun que de se déguiser en capitaine Crochet, en fée Clochette ou en Iron Man. Même si c'est pour rigoler (enfin, j'espère), il n'a pas quitté son uniforme de tout le trajet.

Lorsque, du côté de Montauban, nous avons croisé une centaine de « gilets jaunes » affluant à pied en direction de l'autoroute, il est clairement apparu que deux camps s'étaient formés dans la voiture. Alors que je me réjouissais ouvertement d'avoir pu échapper, à quelques minutes près, au blocage de l'A20, mon fils ronchonnait à l'arrière, dépité par cette occasion ratée de convergence des luttes : « Oh non, je voulais voir les "gilets jaunes" ! » Mouvement complexe, parfois ultraviolent et nauséabond (les quenelles, les simulacres d'assassinat du président), les « gilets jaunes » font preuve par ailleurs d'une vivifiante innocence enfantine qui s'avère communicative.

Œdipe national

La sensibilité des plus jeunes au mouvement ne se résume donc pas qu'à une simple parenté de garde-robe. D'une certaine manière, le « gilet jeune » se reconnaît dans l'aspiration un peu foutraque du « gilet jaune » à vouloir « changer la vie ». Dans un monde qui repose sur le fait de faire taire ses aspirations profondes pour se conformer à des diktats absurdes, l'enfant et le citoyen en révolte partagent ce sentiment que la réalité repose en grande partie sur une logique étouffante d'enrégimentement. Qu'il s'agisse du menu de la cantine ou des grandes orientations stratégiques de la nation, les choses semblent s'écrire sans eux et, à l'aune de cette destinée automatisée, le territoire des possibles se réduire chaque jour un peu plus.

Pourtant, quelque chose de fondamental sépare le « gilet jaune » du « gilet jeune ». Quand ce dernier envisage encore la contestation de l'autorité comme une forme de dialectique constructive, le premier verse parfois sans complexe dans un Œdipe national au premier degré, dont les relents de lynchage empuantissent l'air ambiant. Que l'on soit « gilet jeune » ou « gilet jaune », si l'on veut vraiment grandir, tuer le père doit s'envisager sous l'angle de la métaphore, et non sous celui de la guillotine.

LE SAC DE SURVIE, CE NOUVEAU DOUDOU

Alors que je ne suis pas personnellement adepte de ce nouvel art de vivre, je dois me rendre à l'évidence : au fil des mois, mon fils aîné s'est progressivement transformé en survivaliste en culottes courtes. Désormais, la moindre virée au Monoprix, le plus petit déplacement hors de notre cocon domestique ne s'envisage plus sans l'indispensable paquetage qui l'accompagne jusque dans son lit. Ce petit sac à dos, qu'il désigne lui-même comme son « kit de survie », doit permettre – en théorie – de parer à toute situation d'urgence (tsunami, famine, écharde dans le doigt). Il concentre un ensemble d'éléments disparates que mon fils a amassés au fil du temps, avec la patience d'un écureuil qui thésauriserait les noisettes en vue de l'hiver.

Le premier de ces objets visant à conjurer l'angoisse d'un avenir incertain est une lampe de poche à manivelle, achetée chez Decathlon. Sa fonction est de prodiguer un éclairage suffisant pour lire *Picsou Magazine* (également présent dans le paquetage) en cas de panne généralisée du réseau électrique. J'en ai donc tiré un premier enseignement : survivre, c'est non seulement assurer au quotidien l'entretien de ses fonctions vitales, mais aussi être en mesure de continuer à s'amuser, soit une façon de perpétuer la culture commune. À quoi bon se forcer à avaler des insectes et dormir dans une hutte de branchages si c'est pour s'ennuyer à mourir ?

Aspivenin, lampe frontale et boussole

Font également partie de la liste de choses indispensables : quatre boîtes d'allumettes récupérées dans un resto routier, deux mousquetons, un paquet de mouchoirs à moitié entamé, une paire de jumelles, une boussole, un cadran solaire portatif, une mini-trousse de premiers soins, un sifflet, une bougie, un poignard et un Opinel à bout rond, un petit canif à bout pointu, un outil multifonction intégrant cuillère et fourchette, un Aspivenin, une lampe frontale, une gourde, un pointeur laser, des fruits secs, un stick fluorescent, des lingettes. En discutant avec mon fils, j'appris que ce kit n'était pas tout à fait complet et qu'il manquait, pour bien faire, une bouteille permettant de filtrer l'eau et une pierre à feu.

Ce qui est étonnant dans cet engouement, me dis-je, c'est qu'il ne procède ni d'une dynamique imitative ni de la conformation à une volonté extérieure. Même si j'aime bien le voir ramasser des mûres avec ses grands-parents pendant les vacances et attraper des lézards pour se distraire durant les après-midi d'été, je ne lui ai jamais dit : « Tu seras survivaliste, mon fils ! » J'aurais d'ailleurs été fort mal placé pour l'encourager dans cette voie. Car, en la matière, ma compétence se limite à ce que j'ai pu mémoriser depuis mon canapé en regardant la série *Seul face à la nature (Man vs Wild),* soit un ensemble de préceptes difficilement applicables en centre-ville. Si j'ai cognitivement intégré le fait que l'on pouvait dormir dans la carcasse d'un chameau éventré pour se protéger des nuits glaciales du désert et se nourrir de grosses larves gluantes prélevées sous les écorces d'arbres, tout ce savoir reste exclusivement théorique.

Discours alarmants

L'attrait de mon fils pour le survivalisme n'est donc pas la perpétuation d'un habitus familial, mais peut s'envisager assez naturellement comme une réponse instinctive, intime, singulière à la crise écologique. Aujourd'hui, les jeunes générations ne cessent d'entendre des discours alarmants qui infusent en profondeur dans leurs petits cerveaux ; l'angoisse qui imprègne le monde des adultes a immanquablement un impact sur eux. En 2015, l'institut Ipsos avait interrogé 500 enfants de 8 à 11 ans sur leur vision de l'écologie : 63 % des sondés estimaient alors que la planète était en mauvais état. Et, pour 87 % d'entre eux, les adultes ne faisaient pas assez d'effort pour protéger l'environnement. Au-delà de l'inquiétude, il y a l'implication. Une étude menée en France par l'institut de sondage Gece a mis en lumière que 22 % des enfants sont mieux renseignés que leurs parents sur les problématiques de l'écologie[18].

En plus d'être motivée par notre inaction face aux désastres en cours, l'attirance de mon fils pour le survivalisme me semble être liée par ailleurs à deux événements particuliers, qui lui ont fait appréhender concrètement l'idée de la perte : tout d'abord, un deuil dans la famille. Lorsque l'on voit son premier mort, on se trouve soudain confronté à la perspective de sa propre disparition, et placé de fait dans la position du survivant.

À peu près au même moment, j'ai amené mon fils au cinéma pour voir *Terra Willy, planète inconnue*. Dans ce joli film d'animation d'Eric Tosti, un enfant,

---

18 https://www.faireparterie.fr/etude-generation-climat/#chiffres

qui effectuait en famille un voyage interstellaire, se trouve séparé de ses parents, suite à la destruction de leur vaisseau dans un champ d'astéroïdes. Contraint d'embarquer seul à bord d'une capsule de sauvetage, le petit garçon atterrit sur une planète où tout lui est étranger. « Bonjour Monsieur William, je suis votre robot de survie », lui dit alors (avec la voix d'Édouard Baer) le module d'assistance qui est censé veiller sur lui. Ce compagnon permettra à Willy d'affronter l'apparente inhospitalité des lieux. Alors que les batteries du robot de survie se déchargent, Willy apprend progressivement à se débrouiller seul, en copinant avec une créature étrange et en se connectant à l'environnement de sa planète d'accueil.

« Objet transitionnel »

C'est après avoir vu ce film que mon fils a commencé à se constituer un kit de survie. Dans les années 1950, le psychiatre Donald Winnicott a, le premier, développé la notion d'« objet transitionnel ». Investi par l'enfant, cet objet fonctionne tout d'abord comme substitut au sein de la mère et permet par la suite d'envisager sans angoisse la séparation. Il figure une aire intermédiaire d'expérience où s'effectue l'apprentissage de la frustration et du principe de réalité. Winnicott note que ce travail visant à faire le « deuil » d'une satisfaction idéale des désirs n'est jamais vraiment terminé. D'où notre hypothèse conclusive : depuis que la crise écologique nous fait envisager la possibilité concrète de voir se rompre le lien nous unissant à Mère Nature, le sac de survie est devenu le nouveau doudou.

DESCENDANCE À EFFET DE SERRE

L'autre jour, sur un quai de métro, le hasard (ou la destinée ?) a fait que je me suis retrouvé à côté d'un petit groupe bavard, deux mamans et quatre bambins d'une dizaine d'années. À en croire les pancartes qu'ils portaient, ils semblaient revenir d'une manifestation pour la défense du climat.

En attendant la rame, les mamans ont échangé des points de vue décroissants sur la nécessité de ne pas renouveler perpétuellement leur garde-robe, puis le petit groupe s'est mis à jouer à un jeu étrange, une sorte de quiz que l'on pourrait appeler : « Ces espèces que vos enfants ne verront plus. » C'était à la fois triste (en raison de la perspective) et joyeux (à cause de l'émulation produite par le jeu).

« Je suis une espèce qui vit dans les marais et qui risque de disparaître. Je suis la, la... ? a commencé une des mamans.

— La libellule ! a alors hurlé un enfant.

— Bien, c'est ça, a répondu la maman, avant d'enchaîner : Je suis un cétacé avec une grande corne, je vis dans l'Arctique. Je suis menacé par la fonte de la banquise. Qui suis-je ?

— Le narval ! a crié un autre enfant.

— C'est quoi le narval ? a questionné le plus jeune d'entre eux.

— C'est une grosse licorne de mer », lui a répondu la maman, avant de demander qui voulait des Prince de Lu.

Actifs mais démunis

Puis le métro est arrivé. Un peu interloqué, je suis reparti avec le sentiment d'avoir assisté à un « Questions pour un champion » de la fin du monde. Un moment à la fois ludique et morbide, où la banalité du quotidien parental, dominé par l'idée qu'il faut occuper les enfants à tout prix, se mêlait aux principales angoisses de ce début de siècle : la disparition des espèces, la dégradation des écosystèmes, la fin du monde.

Parce qu'il est censé vivre plus longtemps que nous et se coltiner des bouleversements apocalyptiques, l'enfant occupe une place centrale dans notre rapport à l'urgence climatique. « Dans quel monde va-t-il vivre ? » est une question que tout parent se pose.

Il faut dire qu'en une décennie à peine les choses ont bien changé. Avant, on s'inquiétait de savoir si son petit dernier réussirait à trouver une place honorable dans la société ; aujourd'hui, on se demande s'il ne mourra pas de soif dans un monde où la hausse des températures risque de transformer le moindre toboggan en plancha incandescente.

Pour conjurer cette angoisse, chacun a sa petite recette, à base de compost à domicile, de poster de Yann Arthus-Bertrand ou de limitation des déplacements automobiles. Nous sommes tous plus ou moins actifs, et en même temps tous plus ou moins démunis.

Mais certains d'entre nous, aiguillonnés par l'urgence, ont pris une option bien plus radicale. Pour ne pas laisser un monde pourri à leurs enfants, ils ont tout simplement décidé de ne pas en avoir. En supprimant un des termes de l'équation, c'est comme si l'on supprimait soudain une partie du problème.

Un peu comme la justice préventive administrée par Tom Cruise dans le film *Minority Report* (de Steven Spielberg, 2002), on peut voir là une forme tarabiscotée de dédouanement préventif. Appelé à vivre dans un monde transformé en poubelle en l'espace de quelques décennies, l'enfant à venir, encore vierge de toute participation à la société de consommation, incarne en effet la perspective angoissante de la réprobation future.

Passer les mioches à la trappe apparaît donc à certains comme le meilleur moyen d'éliminer l'hypothèse même de se voir reprocher, demain, nos orgies de voyages en avion et de sushis au thon. Comme il sera difficile d'expliquer à ces petits rabat-joie que, au temps d'Instagram, il était vital de prendre un vol *low cost* pour poster des photos de ses doigts de pied depuis Mikonos, on préfère alors entretenir un dialogue exclusivement contraceptif avec cette descendance virtuelle. Les « Ginks », pour *Green Inclination No Kids* (« penchant écolo sans enfants »), figurent la frange la plus radicale de ce néomalthusianisme émergent.

Affreux bilan carbone

Dans ce mouvement *childfree* (« sans enfants »), popularisé par Lisa Hymas, éditorialiste du *Huffington Post,* le fait de ne pas procréer est ouvertement associé à l'idée de sauver la planète, s'accompagnant souvent de comportements avant-gardistes en termes d'alimentation et de gestion des déchets.

Il est vrai qu'une étude de l'université de Lund (Suède), publiée en 2017 dans la revue *Environmental*

Research Letters[19], laissait entendre que le meilleur moyen de réduire ses émissions de CO_2 serait d'avoir un enfant en moins, là où opter pour une voiture hybride plutôt qu'à essence n'aurait qu'un impact très modéré.

Fort de ces chiffres, je pourrais à bon droit culpabiliser mes enfants pour leur affreux bilan carbone : « Non, mais tu sais que cette épée en plastique que tu as encore choisie à la pêche aux canards a voyagé des semaines depuis la Chine sur un porte-conteneurs hyperpolluant. Tu te rends compte de tout le mal que tu fais à la planète ?! »

Mais si le non-désir d'enfant est tout à fait légitime, ce lien ouvertement tissé entre procréation et crise écologique pose question. C'est comme si la seule vraie solution que l'on avait trouvée au problème engendré par notre mode de vie consistait à sacrifier la génération à venir. Étonnante inversion des polarités, où les boucs émissaires de la catastrophe actuelle sont ceux qui ne sont pas encore nés. De toute façon, en tant que pure virtualité, ils n'ont pas leur mot à dire.

S'il n'est pas question ici de nier l'importance des enjeux démographiques, on peut aussi voir les choses différemment : et si c'était de la génération future, justement, que venait la solution ? Alors que nous sommes englués dans des modes de vie que nous n'arrivons à infléchir qu'a minima, alors que nous percevons la fin du monde comme une fatalité, c'est des jeunes, au travers d'un mouvement de contestation mondial lancé par la Suédoise Greta Thunberg, qu'est venu un sursaut encourageant, une lueur.

---

19 https://iopscience.iop.org/article/10.1088/1748-9326/aa7541?dom=translatable-&src=syn

LA MÉTAPHYSIQUE DU LEGOSOPHE

Régulièrement, mon plus jeune fils vient me voir pour me montrer ses nouvelles réalisations en Lego. C'est une discipline qui m'est a priori étrangère, puisque je suis passé directement de la case Playmobil à la case montage de meubles Ikea, sans m'intéresser à cette constellation de briques hérissées de petits tenons.

Pourtant, je ne peux que constater la fascination que ce monde multicolore exerce autour de moi, aussi bien sur les enfants que sur les adultes.

Parue en 2010, une enquête réalisée par les sites Topology.com et Firebox.com auprès de 3 000 personnes âgées de 20 à 40 ans avait conclu que le Lego était le jouet le plus populaire de tous les temps. Dans cette dévotion à ce matériau ultrarésistant qui permet de réaliser un fac-similé de notre univers, on pourrait presque voir une forme d'engouement religieux, une pratique quasi mystique dont les non-adeptes ignoreraient les véritables enjeux.

Chambre transformée en labo du MIT

Quotidiennement, après l'école, mon fils construit rituellement d'astucieux petits vaisseaux, dont il éprouve la solidité au cours de batailles homériques. Parfois, il vient m'offrir un de ses prototypes, assorti des explications qui vont avec : « Ça, c'est des lasers, papa ! » Construction, destruction, construction : ainsi va la vie au pays des Lego.

Un peu plus âgé, son cousin a quant à lui transformé sa chambre en proto-laboratoire du Massachusetts Institute of Technology (MIT). L'espace moquetté est constellé de réalisations toutes plus hallucinantes les unes que les autres : un télésiège, un train, un robot, une grande roue... Non seulement tout cela est extrêmement ressemblant, mais, dans la limite du possible, tout cela fonctionne.

On se retrouve là dans une zone grise où le jeu enfantin, tirant un trait d'union avec l'âge adulte, flirte avec l'ingénierie de haut vol. À une échelle réduite, ce sont des principes de mécanique ou de génie civil qui sont mis en œuvre sans mollir, en suivant les instructions de la notice (solution n° 1) ou en procédant par une série d'essais-erreurs afin de donner forme à ses propres spéculations (solution n° 2).

Alors qu'elle sert de rite de transmission dans certaines relations père-fils (« Regarde, fiston, c'est comme ça qu'on emboîte une brique ! »), j'ai toujours eu un rapport ambivalent à cette fièvre édificatrice, laquelle peut produire de dommageables effets collatéraux.

Coup de Jarnac

Comme beaucoup de parents, j'ai été victime de ce fameux coup de Jarnac où, nuitamment, lorsque vous vous levez pour rejoindre à tâtons les W-C, vous vous mettez soudain à hurler parce qu'une brique est venue s'encastrer sous votre plante de pied, transformant en guirlande de Noël votre réseau de terminaisons nerveuses.

Malgré ces rencontres inopinées avec les bords obtus de la galaxie des jouets, je n'ai jamais réussi à détester totalement les Lego, même s'ils ont cet autre inconvénient d'incarner la triste quintessence du règne du plastique.

En le voyant farfouiller avidement à la recherche du micro-parpaing manquant, j'ai toujours eu l'impression que mon fils ne faisait pas que se divertir. Sentiment diffus mais tenace, dont les présupposés sont – ouf ! – validés par certains pédagogues, qui utilisent ces petites briques pour faire saisir les subtilités des mathématiques ou de la géométrie dans l'espace à leurs élèves.
Abréviation des mots danois *« leg godt »,* signifiant « bien jouer », le Lego ne se contente pas d'être un tremplin vers les sciences dures, mais pourrait aussi s'apparenter à une forme de philosophie en action.

« Les briques autobloquantes, en vertu de leurs caractéristiques, sont le jouet parfait pour faire sortir l'esprit du crâne », écrit le philosophe Tommaso W. Bertolotti dans *Legosophie*[20]. Lorsque mon fils me dit : « Attends, j'ai une voiture à finir, j'irai me doucher après ! », il s'inscrit donc, sans le savoir, dans la filiation du philosophe Anaxagore qui, au ve siècle avant J.-C., professait : « L'homme est intelligent parce qu'il a des mains. »

Cette manipulation conjointement matérielle et conceptuelle fait écho aux découvertes les plus récentes des sciences cognitives pour lesquelles l'usage de la main, en tant que lien entre l'esprit et le monde, aurait permis de faire de notre espèce l'*Homo sapiens sapiens*.

« L'enfant peut ne pas savoir ce qu'il veut construire, mais il commence à combiner des briques au hasard parce que celles-ci y sont prédisposées, et parce qu'il

---

20 Tommaso W. Bertolotti, *Legosophie*, Paris, PUF, 2019.

est doué de mains pour le faire : ainsi, il s'aperçoit vite de ce que sa manipulation produit dans le monde extérieur. [...] Il peut donc commencer à planifier ses actions en fonction de ses attentes », écrit Tommaso W. Bertolotti, qui envisage le Lego comme une pensée en actes, opérant au-delà du langage.

Processus cognitifs complexes

Dans un contexte où règne le fantasme de la progéniture à « haut potentiel », l'idée que mon fils soit un Legosophe en culottes courtes structurant des processus cognitifs complexes au travers de longues sessions d'empilement de briques a tout pour me brosser dans le sens du poil. Cette vision des choses laisse espérer que, face à des formes de jeu exagérément formatées (si vous voulez que le chien-robot remue la queue, tapez 1), s'organise, dans l'esprit de la génération montante, une résistance instinctive visant à maintenir à flot les capacités élémentaires de l'humanité, ce dialogue pluriséculaire entre la main et l'esprit.

Seul hic : s'il a vent de cette chronique, la prochaine fois que je lui dirai de venir manger ses brocolis, mon plus jeune fils risque de me répondre, avec un air pénétré de penseur athénien : « Mais papa, il me manque encore quelques briques pour terminer ma réinterprétation matérialiste du mythe de la caverne ! »

YUKA ET LE CASSE-TÊTE DU GOÛTER

Bien que je fasse très attention à ce que mes enfants mangent, je reste quand même, aux yeux de mes deux fils, le référent junk food. Dès qu'il s'agit de déroger à la discipline nutritionnelle de la famille pour acheter une pizza quatre fromages ou des Pringles goût barbecue, c'est vers moi qu'on se tourne.

En la matière, il est vrai que ma femme est autrement plus stricte (qu'elle en soit ici remerciée). Depuis qu'elle a téléchargé Yuka sur son smartphone, son obsession pour les produits sains n'a cessé de grandir. Désormais, elle fait partie des adeptes de cette nouvelle religion du bien-manger assisté par mobile, ayant une petite carotte pour emblème.

Au supermarché, les « Yuka addicts » se reconnaissent aisément, panier dans une main, portable dans l'autre, scannant les codes-barres des produits dans l'attente du verdict délivré par l'application.

Tel un techno-Salomon, Yuka tranche sans ambiguïté possible, classant des milliers de victuailles dans quatre cases qualitatives qui semblent faire l'économie de toute hypothèse centriste : « mauvais », « médiocre », « bon », « excellent ». La qualité nutritionnelle (analysée en se basant sur le Nutri-score) compte pour 60 % de la note ; 30 % provient d'une évaluation des additifs ; et les 10 % restants sont attribués aux produits possédant le label bio. Lancée en 2017, l'appli a été téléchargée à ce jour par près de 13 millions de personnes et s'est imposée comme une évidence auprès des parents.

Reprendre le contrôle sur un monde opaque

À l'origine, Yuka a d'ailleurs été conçue par un papa qui se demandait quoi mettre dans l'assiette de ses enfants pour ne pas les empoisonner. Ce nounours en gélatine renferme-t-il trop de sucre, de graisses saturées ? Ce E142 est-il vraiment digeste ?

Dans une période de psychose alimentaire, Yuka donne le sentiment appréciable de reprendre le contrôle sur un monde opaque, celui des étiquettes, dont les mentions restent impénétrables au commun des mortels.

Lorsqu'on se met à scanner les produits qui encombrent les rayonnages de supermarché, un constat s'impose vite : nous pataugeons au milieu d'une offre « médiocre », où la toxicité le dispute à la faible qualité nutritionnelle des denrées.

Chez moi, le premier effet de Yuka a donc été de faire disparaître des placards tout un continent d'aliments sur lesquels les enfants se jetaient jusqu'alors avec gourmandise. Leurs gâteaux préférés, par exemple, à qui l'on aurait donné le Bon Dieu sans confession à cause du grand sourire imprimé sur les biscuits, ont fait les frais de cette politique de transparence. Comme nous, 94 % des utilisateurs de Yuka ont arrêté d'acheter certains produits, et 95 % ont fait une croix sur les offres contenant des additifs controversés, selon une étude réalisée par la marque en 2019 auprès de 230 000 personnes, en collaboration avec le cabinet d'experts Kimso.

Mais, soyons honnêtes, les premiers temps n'ont pas été faciles. « Il faudrait un Yuka du goût ! », s'est même un jour exclamé mon fils aîné, dépité par ce virage gastronomique aux allures de quasi-mono-diète à base de pain de mie complet.

Produisant une forme de désublimation instantanée, Yuka alimente un conflit entre ce que nos papilles ont envie de déguster et nos intérêts en termes de santé. L'appli se heurte donc à la fois à nos réminiscences gustatives (mmmh, c'était bon, ce truc) et à l'image que les marques ont instillée dans nos esprits pour vendre. Cela est d'autant plus vrai pour les gammes de produits destinées aux enfants, dont le packaging est incroyablement chatoyant. Avec sa bonne mine et ses airs chevaleresques, qui irait soupçonner que le « petit prince » du goûter est « mauvais » ?

Si Yuka est précieuse pour savoir ce que vous offrez aux estomacs de votre progéniture, elle s'avère également un outil éducatif intéressant : 66 % des parents utilisent l'application avec leurs enfants et s'en servent comme outil de sensibilisation.

Ludique, Yuka permet de « gamifier » les courses, qui étaient jusqu'alors, pour de jeunes cerveaux, d'un ennui mortel (à part l'immanquable rayon jouets et la poissonnerie, qui permettait d'improviser une bataille de glace pilée). Aujourd'hui, partir, portable en main, en quête du produit « excellent », au cœur d'une jungle de médiocrité, a des airs de remake de *Jumanji,* ce film où la vie se transforme en un vaste jeu vidéo (prévoir néanmoins un après-midi pour remplir le chariot).

« Papa, papa, j'ai trouvé des céréales au chocolat qui sont pas médiocres ! », exulte mon jeune fils, comme un chasseur-cueilleur qui aurait débusqué un spot de baies vitaminées. C'est là une des curiosités de Yuka : certains produits bios, dont on imagine qu'ils sont bons du fait de ce seul label, se retrouvent catégorisés « mauvais », là où des mixtures industrielles transformées peuvent être estampillées « bon », au mépris de tous les pronostics.

« La knack qui ne nous tue pas nous rend plus fort »

Lorsque nous rentrons avec ledit paquet de céréales, ma compagne le repasse alors au scan, pour vérifier que nous n'avons pas rêvé. Ayant conduit de nombreuses marques à améliorer leur offre, l'appli induit également des comportements plus troubles chez le consommateur, forgeant une sorte d'encombrant surmoi alimentaire que l'on a parfois envie de transgresser.

En compagnie de mes enfants, il m'arrive ainsi, de temps à autre, d'aller acheter une certaine marque de saucisses dont nous apprécions le goût, mais que Yuka et ma compagne ont définitivement vouée aux gémonies.

Nous sommes alors pris d'une sorte d'ivresse, comme si, en un geste ordalique, nous conspirions contre notre propre bonne santé, avec cette idée que « la knack qui ne nous tue pas nous rend plus fort ». Ou est-ce simplement que nous regrettons le temps d'avant, où l'on pouvait manger ces saucisses pas vraiment Yuka-correctes sans culpabiliser ? !

Une chose est sûre, l'appli a induit un climat louable de suspicion généralisée, qui pèse désormais jusque sur les produits non transformés. « Et la noix de coco, c'est médiocre ? », me demandait récemment mon plus jeune fils.

LES ENFANTS AUSSI ONT UNE CHARGE MENTALE

Chaque matin, les mêmes cris résonnent dans le petit couloir exigu qui donne sur la porte de mon appartement : « Il est 8 h 30 ! Dépêchez-vous d'enfiler vos chaussures, on est déjà hyper en retard ! Allez, allez ! »

Même galvanisées comme des sous-mariniers au moment de charger les torpilles, les deux têtes blondes (enfin, plutôt châtain pour la seconde) à qui s'adressent ces vociférations peuvent se mettre alors à vaquer à une tout autre activité, terminer un empilage de Lego, décider de changer de tenue, démarrer une bataille de coups de pied. En effet, les enfants possèdent en quantité une ressource naturelle à laquelle beaucoup d'adultes n'ont plus accès : la capacité à jouir de l'instant présent.

N'ayant absolument pas le même rapport au temps et aux impératifs sociaux que nous, ces hédonistes nés ont tendance à nous rendre dingues. Mais ne serait-ce pas plutôt l'inverse ?

Pour les faire rentrer dans le moule de nos urgences préfabriquées, nous leur imposons au quotidien une dictature de l'horloge, que le docteur Catherine Dolto va jusqu'à qualifier de « maltraitance temporelle ». Voilà pourquoi beaucoup de phrases prononcées par les parents démarrent par cette formule rituelle : « Dépêche-toi de… » (finir ta soupe, faire tes devoirs, aller te laver, ranger tes jouets, dire pardon à ton frère). À laquelle s'en ajoute généralement une autre, histoire d'enfoncer un peu plus le clou de la culpabilité :

« À cause de toi, on va être en retard… » (à l'école, chez le médecin, au cours de piano, à la compét de judo, au goûter d'anniversaire).

Injonctions difficiles à supporter

Cet impératif qui se cristallise ici sur l'emploi du temps n'en est qu'un parmi tant d'autres. Comme l'explique la psychologue clinicienne Aline Nativel Id Hammou dans son ouvrage coécrit avec Alix Lefief-Delcourt, *La Charge mentale des enfants*[21], nous bombardons les jeunes générations d'injonctions qui, accumulées, peuvent se transformer en un poids difficile à supporter. C'est en premier lieu parce que l'enfant est aujourd'hui considéré comme un quasi-adulte qu'il se trouve mécaniquement expulsé du pays de l'insouciance. Invité à exceller en tout, ce petit capital humain en phase d'optimisation permanente peut également se sentir obligé de suppléer aux défaillances des adultes (songez à Greta Thunberg).

Longtemps associée à la gestion des impératifs du foyer par les femmes, la notion de charge mentale serait donc tout aussi adaptée pour décrire cette saturation cognitive désormais inhérente au jeune âge. De prime abord, la chose ne saute pas aux yeux. Quand je vois mes enfants balancer leurs habits n'importe où au moment d'aller à la douche, ou bien s'enfiler des tunnels de dessins animés plutôt que de lire *L'Encyclopedia Universalis*, je me dis qu'ils sont bien loin de ployer sous une quelconque charge mentale.

---

21 Aline Nativel Id Hammou et Alix Lefief-Delcourt, *La Charge mentale des enfants. Quand nos exigences les épuisent*, Paris, Larousse, 2020.

La « chenille du comportement »

Mais imaginer que la vie de l'enfant est forcément douce, n'est-ce pas s'auto-entretenir dans une certaine forme d'aveuglement ? « Dans notre imaginaire d'adulte, l'enfance est une époque formidable [...]. La réalité telle qu'elle est vécue par l'enfant est parfois tout autre : les enfants d'aujourd'hui vivent pleinement la dure réalité de notre époque. Ce sont de véritables éponges, et ils sont eux aussi, comme les adultes, soumis à de multiples sources de pression dont nous avons souvent du mal à prendre en compte l'étendue », écrit Aline Nativel Id Hammou. C'est vrai. À bien y réfléchir, en quoi « la chenille du comportement », qui propose un bilan hebdomadaire de l'attitude en classe de mon fils cadet via un code couleur, serait-elle moins stressante que les entretiens annuels d'évaluation ? Pourquoi mon fils viendrait-il chaque semaine me signifier qu'il est « en vert », s'il n'éprouvait pas une certaine appréhension à l'idée de pouvoir se retrouver en rouge ?

Selon une étude de l'Unicef datant de 2014, 45,1 % des 6-18 ans disent « se sentir vraiment angoissés de ne pas réussir assez bien à l'école ». Source de préoccupations, les attentes institutionnelles sont aujourd'hui redoublées, voire amplifiées par celles des parents qui, stressés par le contexte socio-économique, multiplient les activités extrascolaires de leur progéniture, transférant par la même occasion une bonne part de leurs angoisses à ces psychismes en formation.

Selon un sondage Ipsos de 2015, 58 % des 8-10 ans pensent qu'il leur sera difficile de trouver un travail quand ils seront sur le marché de l'emploi (même avec un bon profil LinkedIn) et, d'après une étude

Ipsos/Secours populaire de 2019, 62 % des 8-14 ans craignent de devenir pauvres un jour. Contraint de prendre à bras-le-corps des problèmes qui lui sont normalement étrangers, l'enfant peut alors finir par perdre toute légèreté et par laisser mourir sa personnalité authentique au profit d'un « faux self », une sorte de masque normatif. Bon petit soldat faisant mine de donner le change, celui qui se trouve dans cette situation mouline en réalité, sous sa casquette Pokémon, les mêmes préoccupations corrosives qu'un quadra flippé.

Argument massue

Pourvoyeuse d'une anxiété généralisée, la charge mentale en excès peut conduire à un épuisement physique et psychologique susceptible de déboucher sur un suicide. La chose n'est donc pas à prendre à la légère.

Néanmoins, on peut se demander si, utilisée à tort et à travers, cette nouvelle taxinomie ne risque pas d'avoir un effet performatif et épidémique. Répétée en boucle comme un mantra, la notion alimenterait alors une dynamique de pathologisation du quotidien où la moindre exigence, la plus petite invitation à l'effort seraient vues comme le ferment potentiel d'hypothétiques dégâts psychologiques futurs.

Dès lors, votre enfant serait susceptible de dégainer cet argument massue pour annihiler la moindre de vos requêtes : « Quoi, ranger ma chambre ? ! Mais papa, tu te rends bien compte de la charge mentale que tu m'imposes ! ? » Dans ce cas-là, et en vertu des vases communicants, c'est le parent qui risque de finir par céder sous un poids décuplé.

TU TRICOTERAS, MON FILS !

Dans ses dernières années, ma grand-mère maternelle avait été prise d'une frénésie de tricotage, production qu'elle destinait essentiellement aux enfants de la famille. Selon une mécanique bien réglée, ses arrière-petits-fils réalisaient des dessins (un téléphérique, un skieur, un train) que les mains expertes de leur aïeule transformaient, en un temps record et avec une précision d'orfèvre, en œuvres d'art fibreuses, capables de protéger du froid ces petits corps en formation.

Les fils de laine que mémé entrelaçait, calée sur son fauteuil devant la télé, lui permettent aujourd'hui de prodiguer ses bons soins depuis l'au-delà, par objet interposé. Visiblement immunisés contre la phobie du pull qui gratte, les enfants adorent ces legs colorés qu'ils portent presque continûment en forme d'hommage, avec plus de ferveur que n'importe quel sweat-shirt siglé.

À chaque fois que je les vois avec, je me réjouis de constater qu'ils ont saisi instinctivement toute la valeur à la fois sentimentale et concrète de cet artisanat domestique. Ils l'ont d'ailleurs si bien saisie que, durant les vacances de Noël, spontanément, mon fils aîné et son cousin, voyant ma mère accaparée par la confection d'un pull, ont manifesté le désir de... tricoter. « Tu peux nous apprendre ? », ont-ils demandé simplement. Un peu éberluée, ma mère a trouvé cette requête « attendrissante » et y a vu un signe que la nouvelle génération était moins marquée par les stéréotypes de genre que les précédentes. En effet, du temps de Thierry la Fronde, il aurait sans doute été plus difficile à un garçon de se lancer aussi naturellement dans le tricot.

Une nécessaire culture du « ne pas »

Ma mère a alors dégainé des aiguilles et a transmis les rudiments de cette discipline pas si évidente, dont se revendiquent aujourd'hui certains représentants emblématiques de la masculinité, au premier rang desquels l'acteur américain Ryan Gosling (oui, le héros viril de *Drive*).

En les voyant assis sur le canapé, concentrés sur leur point de jersey, mon mauvais esprit empêtré dans le siècle d'avant m'a alors susurré cette réflexion intérieure : « Tiens, on dirait Catherine et Liliane ! » Une blague que je me suis finalement gardé de leur adresser, car, derrière le trait d'esprit, j'ai bien senti qu'elle réactivait une mécanique pavlovienne consistant à humilier les garçons lorsqu'ils s'intéressent à des activités traditionnellement associées au genre féminin. « Mais c'est un truc de filles, ça ! », a pu s'entendre dire, durant des décennies, le valeureux guerrier en herbe qui, traître à son propre conditionnement, se risquait à jouer à la dînette.

Au fond, j'avais plutôt envie d'encourager ces jeunes tricoteurs sans complexe, mais sans trop savoir comment. Dans un article publié sur le site de Slate en 2017[22], le chroniqueur Thomas Messias soulignait cet embarras propre à l'éducation des garçons aux temps de #metoo. « Aujourd'hui encore, écrivait-il,

---

22 http://www.slate.fr/story/138113/parents-feministes-elever-filles

il nous semble plus facile d'aider nos filles à gagner en empowerment que de nous assurer que notre fils devienne quelqu'un de bien et qu'il ne bascule jamais du côté obscur de la force. »

En un sens, encourager l'émancipation à l'égard de la chape de plomb phallocrate peut effectivement paraître plus aisé que de former à une nécessaire culture du « ne pas », laquelle repose essentiellement sur de la soustraction comportementale : ne pas oppresser, ne pas importuner, ne pas abuser, ne pas devenir un agent zélé du patriarcat.

« Détricoter tout ce système sexiste »

Voilà pourquoi de nombreux parents se demandent aujourd'hui comment transmettre à leurs garçons une culture féministe, sans sombrer systématiquement dans un climat d'injonctions inversées. « Être féministe, c'est déjà reconnaître l'existence de la domination masculine. C'est comprendre que cette dernière n'est pas une fatalité : elle est le fruit d'un formatage et d'une organisation sociale qui sont à l'œuvre depuis longtemps, certes, mais qui ne sont pas immuables. C'est aussi savoir détricoter tout ce système sexiste pour que soit possible une véritable égalité », écrit Aurélia Blanc dans *Tu seras un homme – féministe – mon fils !*[23].

Quoi de mieux, finalement, pour détricoter les rôles imposés que l'apprentissage du tricot ? ! S'emparer de cet art de la maille aux atours de maïeutique silencieuse, c'est en effet remettre en question, sans même

23 Aurélia Blanc, *Tu seras un homme – féministe – mon fils !*, Paris, Marabout, 2018.

le savoir, une culture pluriséculaire qui distribue l'accès à certains instruments en fonction du genre. Dans son texte de référence « Les mains, les outils, les armes[24] », l'anthropologue de l'université de Calabre Paola Tabet montre que, dans les sociétés de chasseurs-cueilleurs, il existe un accès inégalitaire aux objets du quotidien.

Quand les femmes doivent le plus souvent se contenter du très rudimentaire « bâton à fouir », les hommes disposent de tout un tas d'équipements : « couteaux de pierre, haches, boucliers, lances, boomerangs et propulseurs ». La domination masculine est donc également une domination technique qui s'exerce au travers de la mainmise sur certains outils, stratégiques pour la conquête et la maîtrise du pouvoir. En un mot : aux femmes l'aspirateur, les aiguilles et le Magimix, aux hommes l'AK-47 et l'ordinateur, schématisme que l'on retrouve encore aujourd'hui dans la répartition des cadeaux sous le sapin.

Se mettre spontanément à tricoter pour un jeune garçon, c'est donc rompre avec cet ordre ancestral qui rend étriquées les manières d'être. Lorsque j'ai demandé à mes fils et à mon neveu ce qui leur plaisait dans cette activité, ils ont mis en avant ses vertus « relaxantes » et le fait qu'elle pouvait se pratiquer « devant la télé, en regardant des dessins animés ». On l'oublie trop souvent, mais le tricot, c'est aussi un tantrisme scopique, gymnastique des mains qui, parce qu'elle vide l'esprit, rend plus disponible aux images. Me revient alors en mémoire celle de ma grand-mère, aiguilles en mains, hypnotisée par *Les Feux de l'amour*.

---

24 Paola Tabet, « Les mains, les outils, les armes », *L'Homme*, n° 19, 1979, p. 5-61.

« CHEH », L'ARGOT QUE LES ENFANTS RAMÈNENT DE LA COUR DE RÉCRÉ

Depuis quelques années, lorsque mes deux fils se disputent revient à peu près toujours le même scénario. Quand on leur demande les motifs de cette soudaine échauffourée d'appartement, on a de grande chance d'avoir ce type de réponse : « Ben, il m'a dit *cheh* ! », avancera l'un, les yeux rougis. Ce à quoi l'autre rétorquera, les mâchoires serrées : « Ben non, gros menteur, c'est toi qui m'as dit *cheh* ! » Avant de déterminer qui est le premier qui a dit *« cheh »* (prononcez ché), encore a-t-il fallu découvrir ce que *« cheh »* voulait dire.

Premier constat : on retrouve cette étrange formule dans de nombreuses chansons de rap, comme le titre *Laisse,* du groupe PNL : « Laisse (laisse), laisse (laisse), laisse/PNL gère (gère), gère (gère), gère/Ces pots sont verts (verts), verts (verts), verts/Ils ont l'seum, cheh (cheh), cheh (cheh), cheh. » L'expression ne date pas d'hier puisque, en 2009 déjà, le collectif Sexion d'Assaut l'utilisait dans son morceau *Tu t'es ficha*, pour exprimer l'humiliation publique : « T'as voulu faire le mec qui breake, genre tu gères ! Tu t'es cassé le cou, maintenant, tout le monde crie "cheh" ! »

Inventif, vivant, métissé

Vous l'aurez compris, *« cheh »*, qui vient de l'arabe dialectal, est une manière de se moquer d'une personne à qui il est arrivé un truc pas drôle. Et pourrait se traduire par « bien fait » ou « bouh, la honte ! » Mais « *cheh* » ne sert pas qu'à rabaisser votre petit camarade qui vient de déraper dans une flaque d'eau, l'expression pouvant aussi être utilisée de manière provocatrice. Chez nous, un simple « *cheh* » sibyllin filtrant entre les incisives peut déclencher un conflit de niveau 7 (sur une échelle qui en compte 10), la situation empirant immédiatement si l'expression en question se trouve assortie du « geste de la mort » (en gros, le signe du couteau sous la gorge) ou bien d'un frottement de pouce sous le menton.

De l'école, les enfants ne ramènent donc pas que des devoirs ou des bleus, mais également une cargaison d'expressions qui proviennent de sources diverses, témoignage d'une permanente réinvention des façons de parler.

« Je m'inscris en faux contre ceux qui dénoncent un appauvrissement de la langue française, explique la linguiste Aurore Vincenti, dans son ouvrage *Les Mots du bitume*[25]. On la voudrait morte qu'on ne ferait pas mieux que de l'enclore dans une interdiction de créer. La vie d'une langue repose sur sa capacité à se renouveler. Si l'enrichissement de la langue française a lieu au sein des parlers professionnels où prolifèrent les anglicismes, il n'y a pas d'espace où la créativité est plus forte que dans la rue. » Indéniablement, on peut étendre ce constat à la cour d'école qui, malgré quelques tentatives de végétalisation, est, elle aussi, marquée par la loi du bitume.

---

25 Aurore Vincenti, *Les Mots du bitume. De Rabelais aux rappeurs, petit dictionnaire de la langue de la rue*, Paris, Le Robert, 2017.

Il y a ainsi deux façons de parler qui cohabitent au cœur de l'institution, un parler académique, celui de la salle de classe, des leçons de grammaire, des dictionnaires et des dictées. Et un parler plus inventif, vivant, métissé, celui de la récréation, ce temps qui, comme le souligne Aurore Vincenti, est également un espace de « re-création ».

Si elles cohabitent de longue date, il arrive parfois que ces deux logiques linguistiques entrent en conflit. En 2015, Éric Bongo, proviseur adjoint du lycée professionnel Charles-Baudelaire à Évry (Essonne), avait ainsi décidé de bannir le « tchip » de son établissement. Signifiant la désapprobation ou le mépris, ce bruit de succion couramment utilisé en Afrique, notamment par les mamans, et parfois accompagné d'un claquement de langue, avait fini par s'inviter en classe, et à perturber l'enseignement. « Le “tchip” est interdit au lycée, comme toute insulte, car c'est une insulte », expliquait alors Éric Bongo au *Parisien*.

S'il ne peut être réduit à ce seul sens, le « tchip », également utilisé dans la cour d'école en primaire, vient souligner le rôle joué par la provocation dans la customisation du vocable. Car, à vrai dire, l'enfant qui revient de l'école donne parfois le sentiment d'avoir labouré le même champ lexical qu'un rappeur, sans que cela fasse forcément de lui un poète de la rue...

« Nos ancêtres les Arabes »

« Papa, ça veut dire quoi *“schneck”* ? », m'a même un jour demandé mon plus jeune fils. Hum, comment dire... Sur le moment, surpris par une telle demande, je dois avouer que j'ai botté en touche. Signifiant « escargot », ce terme d'origine germanique est aussi utilisé métaphoriquement pour désigner le sexe féminin. J'aurais pu doctement expliquer à mon fils que les mots circulent, que les langues s'ensemencent, qu'un même terme peut avoir plusieurs sens et embrayer sur un cours d'anatomie. Mais, sur ce coup-là, je n'ai pas vraiment été à la hauteur. Cela m'aurait peut-être permis d'envisager avec un peu plus de légèreté cet empire de la vulgarité qui semble aller s'élargissant avec la fréquentation de la cour d'école. Mais quel enfant ne s'est pas constitué avec gourmandise un catalogue de mots plus ou moins transgressifs, tranchant justement avec le « parler » officiel ?

Il est d'ailleurs important de noter que les mots que les enfants ramènent de l'école ne sont pas tous des mots vulgaires. Souvent, il arrive que mon plus jeune fils nous dise *« choukrane »* (merci) à table.

À ceux qui craindraient que ce métissage vire au grand remplacement linguistique, on pourrait conseiller la lecture du livre publié par le lexicologue Jean Pruvost, *Nos ancêtres les Arabes*[26]. Alors que, la romanisation étant passée par là, nos « ancêtres les Gaulois » ne nous ont laissé qu'une centaine de mots, l'arabe est, après l'anglais et l'italien, la troisième langue à laquelle le français a le plus emprunté.

Sauf que ces emprunts, si bien intégrés, passent le plus souvent inaperçus. « Une *tasse* de *café*, avec ou sans *sucre* ? » « Merci, plutôt un jus d'*orange* » : qui irait soupçonner que ces deux phrases courantes contiennent quatre mots issus de la langue arabe ?

---

26 Jean Pruvost, *Nos ancêtres les Arabes. Ce que notre langue leur doit*, Paris, JC Lattès, 2017.

Néanmoins, cette assimilation linguistique semble aujourd'hui plus problématique. Si « *wech* » (interjection signifiant « quoi ? ») est entré en 2009 dans le Petit Robert, « nos listes traditionnelles de mots arabes ne sont guère à jour, faute d'enregistrer le français des cités, dans toute sa créativité, fondé entre autres sur des emprunts à la langue arabe », note Jean Pruvost. Pour se maintenir à flot et continuer à perfectionner sa langue vivante, mieux vaut alors avoir des agents infiltrés dans la cour d'école.

L'INSOUCIANCE AU TEMPS DES CATASTROPHES

Récemment, il m'est arrivé un truc, de prime abord rigolo, à l'issue d'une rencontre parents-profs. Après avoir quitté la salle de classe, un autre père de famille et moi nous sommes retrouvés coincés dans l'enceinte de l'école, car la grille de l'entrée principale était fermée. Pas de concierge à l'horizon. Charitable, une jeune enseignante tout juste arrivée dans ce groupe scolaire a alors voulu nous libérer en appuyant un peu au hasard sur un bouton.

C'est à ce moment-là qu'une alarme hurlante s'est déclenchée : « ALERTE INTRUSION, ALERTE INTRUSION ». Pendant que le directeur de l'établissement intervenait pour couper le haut-parleur, tout le monde s'est mis à rire, et nous nous sommes rappelé nos vieux souvenirs d'exercice incendie.

Mais à bien y réfléchir, incendie et intrusion ne sont pas la même chose. La perspective de l'incendie, personne n'y croyait vraiment. C'était surtout un bon moyen de louper une heure de cours. L'intrusion, au contraire, évoque une menace terroriste diffuse, à laquelle les enfants doivent se préparer et qu'ils ont toujours dans un coin de la tête. Pour y faire face, l'un de mes fils m'a raconté que lui et ses camarades de classe effectuaient des exercices où ils devaient se regrouper dans la salle de lecture, en évitant le moindre bruit, afin d'apprendre à ne pas attirer l'attention d'un éventuel assaillant. En pareilles circonstances, ce n'est surtout pas le moment de se mettre à hurler : « MAÎTRESSE, j'ai envie de faire PIPI ! »

9 ans et plus si insouciant

Parfois, j'essaie de me raconter que ce climat n'impacte pas mes enfants, mais je m'aperçois que la réalité est tout autre. En septembre 2020, alors qu'un individu venait d'attaquer deux personnes avec une feuille de boucher à proximité des anciens locaux de *Charlie Hebdo*, mon fils m'a fait cette tirade didactique estomaquante, en empoignant mon smartphone : « Papa, si y a des terroristes et que tu dois appeler la police avec le téléphone de quelqu'un qui est blessé, t'as juste à faire ça pour composer le numéro d'urgence. »

J'ai immédiatement oublié la manip en question. Mais j'ai retenu qu'à 9 ans, cet enfant plus si insouciant avait en tête des stratégies ultra-pragmatiques de survie et de gestion de crise. Ce qui m'a à la fois impressionné et chagriné.

Des terroristes, un virus, une planète en surchauffe : il est vrai qu'en une décennie, la toile de fond de nos errances éducatives a pris des tonalités de mauvaise dystopie. Après avoir longtemps ânonné, sans vraiment trop y croire, la phrase mantra : « Mais dans quel monde vont vivre nos enfants ? ! », force est de constater que la réalité a désormais dépassé nos complaintes les plus sombres : ce n'est plus dans un futur hypothétique, mais bien dans le présent que les choses partent aujourd'hui en quenouille.

Oui, les raisons de s'inquiéter sont légion. Dans les enquêtes d'opinion, « inquiet » est d'ailleurs un qualificatif qui est bien souvent accolé à « parents », en une sorte de nouveau tandem dialectique. En 2018, à l'issue d'un vaste sondage réalisé par l'Institut Pew Research Center dans vingt-sept pays, 80 % des

Français se déclaraient préoccupés par l'avenir économique de leur progéniture (mais également 76 % des Japonais et 72 % des Espagnols, car nous n'avons pas le monopole de l'inquiétude). Détail notable, ces mêmes sondés trouvaient par ailleurs que la situation économique s'était globalement améliorée en dix ans.

Et, fin août 2020, un sondage BVA révélait que 71 % des parents d'enfants scolarisés étaient « plutôt inquiets », voire « très inquiets » à l'idée d'une rentrée scolaire placée sous la menace du coronavirus.

Lorsqu'on parle d'écologie, l'angoisse est tout aussi brûlante. Principales craintes de ces mamans et papas en surchauffe, d'après un sondage réalisé par l'institut Gece en 2019 : la montée des températures et du dérèglement climatique (71 %), la pollution (67 %), la pénurie d'eau potable (65 %), le plastique dans les océans (63 %), le déclin de la biodiversité et les extinctions de masse (63 %).

Passion malsaine

Ici, l'enfant fonctionne comme un catalyseur des maux de l'époque, en même temps qu'un remède à l'angoisse. C'est au travers de lui, de son avenir fantasmé, que l'on trouve la force de se lancer dans la permaculture de ciboulette en appartement et le tri sélectif des déchets. Mais cette étrange formule (enfant + obsession de la catastrophe = moteur d'action) a bien souvent pour effet indésirable de renforcer, *in fine*, l'angoisse qu'elle est censée combattre.

Selon l'institut Gece, les parents les plus contrariés par l'évolution de la planète sont aussi les plus pessimistes quant à l'avenir de leurs enfants (87 %).

Comme si se confronter aux enjeux de société rendait ces derniers encore plus brûlants. À l'inverse, ceux qui ne se préoccupent pas de transmettre aux plus jeunes des valeurs d'écocitoyenneté se déclarent, à 56 %, pas ou peu soucieux du changement climatique.

Qu'est-ce qui est le mieux, au final : le parent conscientisé qui vous regarde comme un cadavre en puissance en filtrant son kéfir ou le daron qui fait l'autruche ? Si s'inquiéter a pour vertu de faire réagir, cela peut aussi déboucher sur une sorte d'hypnose où l'on se focalise à l'excès sur la noirceur des temps. On n'est plus alors dans le réalisme, mais dans l'inquiétude élevée au rang de passion malsaine.

À l'image du *« doomscrolling »*, cette pratique qui consiste à s'enivrer d'un hypothétique destin fatal en s'empiffrant d'infos catastrophistes, il n'est pas impossible qu'émerge aujourd'hui une sorte de *« doomparenting »*, soit le fait de décupler l'impact psychique des fléaux actuels en se rappelant sans cesse qu'ils figurent d'horribles menaces pour notre progéniture. D'après le sondage réalisé par l'institut Gece en 2019, seuls 3 % des parents imaginent encore que la génération de leurs enfants vivra mieux que la leur, là où 78 % pensent qu'elle vivra moins bien. Si vos parents ne sont même plus capables d'espérer un autre futur pour vous, qui le fera ?

Amputé de l'optimisme, l'adepte du doomparenting devient alors, bien souvent malgré lui, une sorte de boulet chouinard pour sa descendance, laquelle se trouve soudain obligée de se retrousser concrètement les manches (coucou Greta Thunberg).

MON FILS VEUT DEVENIR YOUTUBEUR

Du haut de ses 9 ans, mon fils aîné ne cesse de répéter qu'il veut devenir youtubeur. Ou, plus exactement, qu'il aimerait bien « poster des vidéos sur YouTube », car il ne s'agit pas encore à proprement parler d'un véritable projet professionnel. De là où vous êtes, peut-être entendez-vous l'immense « ouf » de soulagement suscité par cette simple nuance, soulagement néanmoins mâtiné d'une profonde inquiétude. En effet, pour beaucoup de parents, YouTube figure une sorte d'antichambre de l'enfer. Lorsque votre rejeton commence à intégrer le champ d'attraction de cette plate-forme que scrutent attentivement les pédophiles, dans votre esprit, c'est un peu comme s'il vous annonçait qu'il voulait devenir avaleur de sabres.

Ce sont, en premier lieu, les vidéos de ses copains en train de jouer à *Fortnite*, postées sur ce réseau, qui ont conduit mon fils à se tourner vers YouTube. Pour voir. Mais c'est surtout au travers de la culture « tuto » (ces petites séquences qui vous apprennent à faire des choses) que son intérêt a grandi. Sans que j'aie trop compris comment tout cela avait démarré, il s'est mis à suivre Masis (164 000 abonnés), un youtubeur qui propose des cours de dessin dispensés avec un petit cheveu sur la langue, ce qui ajoute au charme intimiste des tutoriels. D'un point de vue didactique, les vidéos sont extrêmement efficaces : en quadrillant la feuille, Masis vous permet, même si vous n'avez pas de technique, de reproduire avec précision des personnages de manga, comme le célèbre Kakashi, de la série *Naruto*.

Fièvre acheteuse

En peu de temps, mon fils a réussi à réaliser quasi parfaitement ce portrait en utilisant simplement deux stylos Bic. Masis est donc un peu le Verrocchio du XXIe siècle, formant, dans son atelier virtuel, des générations d'apprentis qui dessineront, demain, plus ou moins comme lui (plutôt plus que moins, d'ailleurs, tant on est ici dans le mimétisme procédural). Mais Masis est aussi un influenceur déballant et testant le matériel que lui envoient gracieusement les marques. Cette dimension de sa pratique a une forte influence sur les jeunes esprits, puisque la passion naissante de mon fils pour le dessin s'est rapidement doublée d'une fièvre acheteuse. Tel crayon de marque, telle gomme de précision, telles feuilles au grammage précis devenaient soudain indispensables à la réalisation d'une œuvre de qualité.

Il s'est alors mis à passer de plus en plus de temps sur Amazon, rêvant devant tout cet « incontournable » attirail de mangaka d'appartement. Dernièrement, il m'a même montré une incroyable (et très onéreuse) table à dessin, qui évite d'« avoir la nuque penchée ». En attendant, peut-être, l'huile décontractante pour le poignet et les pantoufles chauffantes de bédéiste frileux. La culture « tuto », si elle permet un échange bienvenu de savoir-faire, est donc aussi, à certains égards, une éducation subreptice au consumérisme. Les enfants sont si prompts à adopter sans distance des modèles de comportement, les images si puissantes et les nouveaux ressorts de la persuasion si retors que le parent se trouve un peu démuni face à ce mentorat à double fond, généreux et intéressé à la fois.

À ce propos, permettez-moi de faire à mon tour du placement de produit et de vous conseiller la lecture de l'excellente bande dessinée *Consommation : le guide de l'anti-manipulation*[27] d'Adrienne Barman et Guillemette Faure. L'ouvrage explique aux enfants de manière simple comment éviter certains de ces pièges qui les incitent mécaniquement à acheter. Mais revenons à nos moutons (de Panurge). Apparemment, mon fils n'est pas le seul à faire le pied de grue devant cette hétéroclite caverne d'Ali Baba visuelle qu'est YouTube. En 2018, d'après Médiamétrie, un enfant français regardait en moyenne des vidéos durant 2 h 26 chaque mois. Si cela peut vous consoler, c'est pire outre-Atlantique.

Une étude menée aux États-Unis sur les jeunes de moins de 8 ans par l'organisation non gouvernementale Common Sense, en partenariat avec l'université du Michigan, a montré que le temps passé devant les vidéos avait doublé en trois ans, s'établissant à 39 minutes quotidiennes en 2020. Les technologies mobiles favorisant l'augmentation des usages, 34 % des enfants américains de moins de 8 ans regardent aujourd'hui des vidéos en ligne tous les jours, contre 24 % en 2017. Devenu le point nodal de cette hypnose générationnelle, YouTube est largement plébiscité par les très jeunes, qui y passent désormais plus de temps que devant la télé.

« T'inquiète, papa, je ne suis pas débile », tente de me rassurer mon fils, comme s'il avait tout compris de l'entourloupe à la dopamine. Dans ce Far West

---

27 Adrienne Barman et Guillemette Faure, *Consommation : le guide de l'anti-manipulation*, Paris, Casterman, 2020.

scopique pensé à l'origine pour les adolescents et les adultes, les enfants sont susceptibles de tomber sur tout et n'importe quoi (un peu comme dans le vrai Far West). Ainsi, une vidéo sur cinq contiendrait des pubs qui ne sont pas appropriées à l'âge de ce jeune public (alcool, lingerie fine, jeux violents, argumentaire politique). Alors que seules 4 % des vidéos visionnées ont une forte valeur éducative, 45 % présentent ou font la promotion de produits que les enfants sont incités à acheter.

Collecte de données personnelles

En 2019, la plate-forme a d'ailleurs été condamnée à une amende de 170 millions de dollars pour avoir collecté, à l'insu des parents, les données personnelles de jeunes utilisateurs, dans le but de les exposer à de la publicité ciblée. Mais la principale marchandise que YouTube promeut, c'est YouTube lui-même. Voilà pourquoi l'enfant, au bout d'un moment, se met à caresser un nouvel objectif : devenir à son tour youtubeur. En la matière, la réussite de vénérables « anciens » hauts comme trois pommes accrédite l'idée que l'eldorado du « like » se trouve à portée de clics.

En France, au premier semestre 2020, ce sont les youtubeurs Néo & Swan (deux jeunes frères filmés par leur mère) qui occupaient la première place du podium, avec 737 millions de vues. Selon un classement Forbes, en 2019, la star de YouTube la plus riche au monde était un Américain de 8 ans, Ryan Kaji (Ryan Guan de son vrai nom), spécialisé dans le test de jeux et autres challenges débiles. Durant cette seule année, avec sa chaîne Ryan's World, il aurait engrangé 22 millions de dollars. On imagine toujours le travail des enfants loin de chez nous, dans une mine poussiéreuse ou une sombre usine de baskets, mais il faut réviser nos idées reçues. L'esclave moderne peut aussi avoir les traits d'un petit garçon surgâté, servant avec innocence de faire-valoir à une montagne de jouets.

LE CRASH DU PARENT HÉLI-COPTÈRE

PRÉCEPTES

OUIIII ! TU EFFECTUES UNE TRÈS BELLE TRAVERSÉE, MON KIKI-JOLI ! CONTINUE !

SUR TON ENFANT, TU NE CRIERAS POINT

Même s'il est toujours trop simple de succomber à des dichotomies, on a du mal à y résister. Avançons alors l'hypothèse – avec prudence, hein – que le monde des parents se divise en deux catégories aux bilans sonores extrêmement contrastés : d'un côté, ceux qui crient pour un oui, pour un non (équipe 95 décibels) ; de l'autre, ceux qui parlent doucement à leurs enfants en toutes circonstances (équipe 25 décibels).

Il suffit par exemple de se poster devant l'entrée d'une école pour observer les mœurs de ces deux tribus. Arrivé généralement à l'avance, le parent de l'équipe 25 décibels susurre à son enfant une « bonne journée mon chéri » si doux qu'il se dépose aussi légèrement qu'une plume d'oisillon au creux de son conduit auditif.

Ce ton apaisé fonctionne comme un régulateur d'humeur. Si jamais il y a un hic – mettons que l'enfant a oublié son doudou à la maison –, la gestion de l'incident n'occasionnera alors aucune surenchère sonore. « Ce n'est pas grave, papa va aller le chercher et te le ramener tout de suite. En attendant, je te prête mon porte-clés Minion, qui pourra te servir de doudou de secours. » Ici, la météo est celle d'un climat émotionnel invariablement stable, une oasis de tempérance.

Quand, soudain, déboule l'ouragan Irma. « Non mais BORDEL, t'as pas remis le cahier de texte dans ton sac ! Nân mais je RÊVE !!!! Combien de fois il va falloir que je te répète de préparer tes affaires la veille ? Tu seras privé de dessins animés Minions pendant une semaine, ça t'apprendra à t'organiser un peu mieux, C'EST COMPRIS ou je dois te faire un POWERPOINT ? !!! », hurle le père gueulard, en secouant sa progéniture horrifiée à bout de bras.

Une « tyrannie bienveillante »

Alors que la gifle, la fessée, la tape sur la main ont été – à juste titre – mises hors la loi par un vote du Sénat, le 2 juillet 2019, le cri continue bizarrement à résonner comme s'il était une chose normale, prospérant sur l'ambiguïté de son statut. Encore aujourd'hui, son usage est souvent justifié à des fins d'édification du caractère.

L'an dernier, dans le club de foot où mon fils était inscrit, l'entraîneur manifestait ainsi par des hurlements son exigence supposée, un peu comme s'il était José Mourinho. Puis, à l'occasion d'une causerie finale aux allures d'exégèse apaisée, il expliquait le pourquoi de ces vociférations intempestives. « Vous voyez les enfants, il n'y a pas un seul footballeur professionnel qui ne s'est pas fait crier dessus. Si je hurle, c'est pour votre bien, pour que vous deveniez des bêtes de joueurs... », se justifiait le paternaliste en crampons. « Et pas des joueurs bêtes », me glissait alors mon fils en douce, pour s'amuser (pour info, il n'a pas voulu se réinscrire).

Voilà comment le cri peut, dans certains contextes, se trouver revendiqué comme « tyrannie bienveillante », et parfois même au sein de respectables institutions. Jusqu'à il y a peu, dans l'école de mes enfants, une enseignante accueillait chaque jour ses élèves, mug fumant à la main, avec des éclats de voix de vendeuse de merlans. « Mettez-vous en rang et TAISEZ-VOUS ! », hurlait-elle, sans se rendre compte qu'il y avait quelque chose de foncièrement paradoxal à exiger le calme, tout en étant soi-même le principal moteur du bruit ambiant. Je ne lui jette pas la pierre, car il m'arrive moi aussi de crier.

Récemment, c'est lorsque j'ai surpris mes enfants en train de consciencieusement labourer avec un pied de chaise un parquet que j'avais passé trois jours d'été caniculaires à vitrifier. « Merde, merde, merde, merde, MERDE ! », ai-je hurlé (oui, on n'est pas toujours poli quand on est un papa vénère). Mes enfants sont partis se réfugier dans leurs chambres. L'orage est passé. Et je me suis senti un peu ridicule, tant ma réaction semblait disproportionnée.

De véritables claques morales

Au même titre que les coups, les menaces ou le chantage, les cris font partie de ce que l'on nomme aujourd'hui les « violences éducatives ordinaires » (VEO), soit tous les moyens coercitifs, plus ou moins brutaux, utilisés pour éduquer les enfants.

Ce type de comportement est en premier lieu révélateur d'une relation statutairement dissymétrique. Notamment parce qu'il n'a pas la force physique de riposter et qu'il occupe une position de subalterne dans l'organigramme familial, l'enfant est invité à subir ces VEO sans broncher (de toute façon, s'il bronche, il sera « privé d'iPad ! »).

Une étude, publiée dans la revue *Biological Psychology* et menée sur des jeunes de 13 à 16 ans[28], a montré que ces violences éducatives ordinaires étaient

---

28 https://www.sciencedirect.com/science/article/abs/pii/S0301051118301248

susceptibles d'altérer les circuits cérébraux liés à la peur. Mais peut-on mettre sur un même plan des cris et une baffe ? Vraisemblablement, on se situe là dans une zone grise éducative, où tout est affaire de nuances. Employés de manière systématique et associés à des paroles qui essentialisent les comportements (« Tu es un incapable »), les cris peuvent s'apparenter à de véritables claques morales. En revanche, le cri occasionnel, cette décharge émotionnelle libératrice, est ce qui permet au parent réel de ne pas être totalement cannibalisé par l'image fantasmatique du parent idéal. Contrairement au papa parfait, qui pratique l'« éducation positive » sans jamais dévier de sa trajectoire bienveillante, le papa réel est un être faillible, parfois fatigué, pour qui le coup de gueule fait figure, certains jours, de bouée de sauvetage psychique.

Après avoir répété dix fois « mets ton pyjama, brosse-toi les dents » à un enfant qui semble atteint de surdité totale, le parent réel, même s'il s'efforce de demeurer calme le reste du temps, peut alors être tenté de hausser le ton. Ayant ses vertus marginales, cette forme d'« éducation non bienveillante » permet de confronter vos enfants à une écologie diversifiée des comportements humains. Eh oui, les petits, vous devez savoir que, plus tard, tout le monde ne vous parlera pas avec un ton sirupeux de vendeur de confiseries.

LES PARENNIALS OU LA (TROP) BONNE ÉDUCATION

Pour des raisons qui seraient trop longues à exposer ici, j'ai eu mes deux enfants assez tard. Enfin, quand je dis « j'ai eu », il s'agit là d'une formule de style, car, en réalité, le plus grand mérite en revient bien entendu à ma femme. Toujours est-il qu'au moment de la naissance de notre premier fils, mon épouse avait 38 ans et moi 39, ce qui faisait déjà de nous de vieux parents, entourés de jeunes couples procréateurs. Selon une étude publiée par l'Insee en mars 2017, l'âge moyen du premier enfant en France pour une femme était de 28,5 ans en 2015. Faites un petit calcul et vous verrez : pendant que je me dirige lentement vers des problèmes d'arthrose, les millennials, eux, arrivent fringants à l'âge de la parentalité. Aux États-Unis, plus d'un million de femmes nées entre 1981 et 1996 deviennent mère chaque année (source : Pew Research Center). En 2016, elles étaient déjà à l'origine de 82 % des naissances.

Comme la mystique veut que les millennials ne fassent rien comme tout le monde, il a donc fallu donner un nom pour distinguer cette génération de parents avant-gardistes de celle qui l'avait poussivement précédée : le journaliste américain Bruce Feiler inventa alors le terme de *« parennials »*, contraction de « parents » et de « millennials ». En tant que membre ronchon de la génération X, cette tendance à dégainer systématiquement des acronymes pour évoquer la modernité m'agace au plus haut point. Les « parennials » ? Et pourquoi pas les « bébénnials », tant qu'à y être, histoire de bien signifier que leurs enfants aussi sont différents !

Les fameux « petits cons »

En réalité, si le changement de couches reste une constante transgénérationnelle, certaines choses semblent effectivement avoir évolué, au premier rang desquelles l'appétit croissant pour une forme égalitariste de parentalité. D'après une étude du Pew Research Center datant de 2011, 72 % des millennials préfèrent une organisation familiale dans laquelle « le mari et son épouse ont chacun un travail et s'occupent tous deux des enfants et de la maison » (cette proposition ne recueillant que 63 % d'opinions favorables chez les membres de la génération X). Sensibles à la thématique de l'égalité, certains parennials utiliseraient désormais le terme de « coparents » pour se désigner l'un l'autre, dans le but de combattre les stéréotypes de genres associés aux termes « papa » et « maman ». J'avoue cependant n'avoir jamais entendu autour de moi une phrase telle que : « Pour ce qui est de changer vos couches, je vous prie, cher enfant, de vous adresser à l'autre coparent, car je suis en train de donner la tétée à mon compte Instagram. »

Je ne suis pas sûr, non plus, que les parennials existent vraiment, si ce n'est sous la forme d'un stéréotype agrégeant tous les fantasmes d'une époque. En réalité, la conceptualisation de cette figure caricaturale répond à un double besoin. Primo, formaliser notre détestation des générations qui viennent après nous (ces fameux « petits cons »). Secundo, s'interroger, beaucoup plus sérieusement, sur les mutations possibles de la parentalité à l'ère du numérique.

Chaleur rassurante du liquide techno-amniotique

Dans la presse américaine, il est bien spécifié, avec des accents de paradigme culpabilisant, que les parennials ne font rien comme les autres. Lorsque la maman trentenaire utilise une appli d'allaitement qui ne fonctionne pas très bien, elle décide tout simplement d'en concevoir une nouvelle, comme Anne K. Halsall, ingénieure dont l'histoire emblématique est rapportée par le *New York Times*. L'article qui relate cet *empowerment* maternel au moyen du numérique souligne que la démarche a été motivée par le fait que cette jeune mère ne trouvait pas de réponse satisfaisante auprès des experts en puériculture, dont les avis divergeaient.

Le parennial figurerait donc cet individu qui, face au caractère faillible de l'expertise humaine, préfère se plonger dans la chaleur rassurante du liquide techno-amniotique, peaufinant les détails d'une éducation algorithmique qui serait la synthèse optimisée de toutes les pratiques existantes.

La dynamique de la parentalité, consistant jusqu'alors à vouloir faire mieux que la génération précédente (ces fameux « vieux cons »), s'en trouve alors profondément bouleversée. Comme vous n'arriviez généralement pas à surpasser vos aïeux, l'humble reconnaissance de cette impossibilité, de cette limite, vous instituait alors véritablement comme parent, imparfait mais concret.

Ressources numériques inédites

À ce propos, je me souviens de mon père et de ma mère me répétant systématiquement cette phrase : « De toute façon, quoi qu'on fasse, ça sera raté… » Si ce gimmick a pu me paraître horrible à l'époque, j'en perçois maintenant toute la portée. Une éducation n'est « réussie » que si elle échappe aux plans initiaux de ses concepteurs, que si la singularité émergente de l'enfant parvient à déjouer l'ambition programmatique des parents, que si elle est « ratée ». C'est ce ratage, signe que quelque chose nous dépasse, qui permet à notre descendance d'embrasser le destin d'humain et non celui d'automate.

Articulé autour d'un fantasme de transcendance éducative au moyen de la technologie, le mythe du parennial charrie donc avec lui l'angoisse – sans doute abusive – d'une extinction de cette singularité. En cessant d'avoir pour modèle à dépasser la claudicante génération d'avant et en utilisant des ressources numériques inédites pour éviter les erreurs du passé, les parennials courraient ainsi le risque inouï de « réussir » l'éducation de leur progéniture. Et par là même, en substituant l'enfant parfait à l'enfant réel, de la « rater » totalement.

« IL A MANGÉ SA SOUSOUPE LE BÉBÉ À PAPA ? »

À ce jour, la meilleure – et sans doute la pire – stratégie que les parents ont trouvée pour signifier leur irrépressible désir d'horizontalité à leurs enfants a été de se mettre à parler comme des gosses de 2 ans. « Prends ta totote et monte dans la tuture » : voilà le genre d'allitération assez commune que l'on peut entendre lorsqu'on se trouve dans le champ d'action d'un jeune parent en phase de gagatisation avancée.

Vous vous doutez bien que si j'évoque cette tendance, c'est en premier lieu pour signifier que je me situe au-dessus de ce type d'errements. Chez moi, une compote ne s'est jamais transformée en « pompote ». Quand on a déjà affaire à de la purée de fruits, pourquoi y ajouter de la purée de mots ?

Bien sûr, il y a des réalités qu'on ne peut évoquer correctement qu'avec un vocable enfantin, à la fois pour en préserver la poésie et car ces trucs-là n'ont pas vraiment d'équivalent dans le langage adulte. Le terme « doudou », par exemple, sera toujours plus signifiant qu'une périphrase descriptive du type « vieux bout de tissu baveux ».

Comme tout parent qui se respecte, je trouve également trop touchantes les petites réinventions qui surviennent lors de l'apprentissage du langage. Lors de la Coupe du monde de football 2018, mon plus jeune fils n'arrêtait pas de répéter tel un mantra l'énigmatique formule « Paupoba » quand nous jouions au ballon dans le jardin. Après enquête, il s'avéra qu'il évoquait en réalité le fameux milieu de terrain Paul Pogba, dont le patronyme avait subi une de ces compressions dont les enfants ont le secret.

Ces derniers savent avec habileté nous rappeler la dimension plastique, évolutive, ludique de la langue. Je l'avoue, il m'est arrivé, moi aussi, dans des moments d'égarement, d'utiliser le raccourci « Paupoba », car cette trouvaille me paraissait trop craquante. Mais disons qu'on est là dans une forme de gagatisation ponctuellement récréative, et que le problème surgit véritablement lorsque tout cela se transforme en gagatisation structurelle, en habitus. Si le parler puéril tend à devenir la norme, si, chaque jour, vous proposez à votre enfant de déguster un « yayourt » plutôt qu'un « yaourt », posez-vous des questions.

« Non, pas toucher, c'est beurk ! »

Envahissante, cette manie pollue jusqu'aux échanges entre adultes : « Mamour, tu me passes le bibi du petit lutin, t'euplait ? ! » (cœur avec les doigts pour dire merci). Dans ce climat étrange où l'adulte se met à surinvestir le langage enfantin, s'imposent de nouvelles unités de mesures : les vacances, ce n'est pas dans trois jours, mais dans « trois dodos ». Y pullulent les mots qui finissent en « ouille » (« patouilles », « carabistouille »), les phrases sans sujet (« non, pas toucher, c'est beurk ! »), les fautes de grammaire (« le bébé à papa ») et les sons répétitifs (« totote », « toutou », « nounours »). Il est à noter que le redoublement de syllabe est une forme de communication que l'on emploie couramment avec les animaux (« donne la papatte si tu veux le nonos ! ») et les personnes âgées (« finis ta sousoupe, papy ! »).

Il témoigne de l'affectivité un brin dégradante qui s'exerce à l'endroit de ces publics dont on veut signifier l'infériorité. Dans cet univers linguistique parallèle, se joue une inversion ostentatoire des rôles où, alors que l'on demande à l'enfant de multiplier les signes d'une maturité précoce, l'adulte se vautre quant à lui sans vergogne dans une juvénilité sémaphorique.

Le ridicule de cette comédie transparaît lorsque le parent abandonne soudain son ton mielleux et s'énerve. Se recrée alors une verticalité dans les rapports, qui fait qu'on se remet, comme par enchantement, à parler normalement, voire grossièrement : *« Lâche-moi cette putain de tablette, bordel ! »* En effet, en pareille situation, « lâche-moi cette puputain de tatablette ! » ne fonctionnerait pas.

Sournoise entreprise de dévitalisation linguistique

Celui qui a le mieux décrypté les ressorts absurdes de cette théâtralité forcée est le réalisateur Tom McGrath, avec son film *Baby Boss* (2017). Le héros de ce long-métrage d'animation est un bébé en costume cravate, agent secret de profession, qui, dès qu'il se trouve en présence d'un adulte, fait semblant de ne pas maîtriser le langage. En revanche, quand ses parents ont le dos tourné, il adresse aux autres enfants des requêtes de haut vol telles que : « Va me chercher un double expresso et vois s'il y a de bons sushis dans le quartier. Je tuerais pour un rouleau de thon tataki au sésame ! »

Délire fictionnel ? Pas vraiment. Une étude publiée dans la revue *Current Biology* en mars 2020[29] a montré que des bébés de 8 mois avaient déjà des connaissances relatives aux structures grammaticales de leur langue maternelle, cet apprentissage s'effectuant en même temps que celui des sons et des mots. Voilà peut-être pourquoi, lorsqu'on parle en monosyllabe à ces disciples de Louis-Nicolas Bescherelle, ils nous regardent le plus souvent d'un air attristé. Mais pourquoi mes parents me prennent-ils pour un ahuri, doivent se dire ces pauvres bambins, en constatant la sournoise entreprise de dévitalisation linguistique dont ils sont l'objet ?

Au contraire, comme y invite la psychologue Erika Hoff, de l'université Florida Atlantic, il est important d'utiliser une parole « riche et complexe » lorsque l'on s'adresse à son enfant, en employant notamment des phrases longues et un vocabulaire varié. Cela permettrait de stimuler son développement cérébral, ce qui n'est visiblement pas l'objectif premier au cœur de la « société du pestacle ».

---

29 https://www.cell.com/current-biology/fulltext/S0960-9822(20)30114-7

LE SUR-ENFANT OU NIETZSCHE EN CULOTTES COURTES

Ce mercredi, à la piscine, mon fils aîné s'est plaint du bras gauche. « C'est pas grave, tu n'as qu'à faire des longueurs avec les jambes ! », l'exhorta, plein d'aquatique sollicitude, le maître-nageur. Après avoir péniblement tenté d'effectuer quelques mouvements en mono-propulsion, mon fils m'a répété d'une petite voix plaintive : « J'ai mal, papa ». Serait-il devenu un pro de la méthode Actor's Studio depuis qu'on l'a inscrit l'an dernier dans un atelier théâtre ou bien est-il réellement gêné par ce bras douloureux ? J'ai finalement opté pour la seconde hypothèse et l'ai envoyé se doucher. C'est à ce moment précis que son jeune frère m'a apostrophé depuis la ligne d'eau voisine : « Papa, moi aussi j'ai mal au bras... »

Qu'il s'agisse de stratégie ou non, on peut aisément comprendre que les enfants aient envie d'échapper aux journées surchargées qui sont les leurs. Ils semblent avoir intuitivement compris qu'il fallait désormais batailler pour préserver leurs prérogatives. Ce droit à buller, à jouer sans autre préoccupation que celle de l'instant présent, est menacé par l'ambition dévorante de leurs parents depuis que s'est imposé un nouvel idéal éducatif, celui du « sur-enfant nietzschéen ».

Discipline spartiate

Inspiré par le fameux « sur-homme » conceptualisé par le philosophe Friedrich Nietzsche, le « sur-enfant » est un démiurge en culottes courtes, invité avec insistance à transcender sa condition au moyen d'une discipline spartiate. On le reconnaît à ses cernes violacés et à son planning extrascolaire aussi chargé que l'agenda d'Emmanuel Macron. Pourtant, le désir initial est louable : les parents veulent donner à leur progéniture les armes pour affronter un monde incertain.

Malgré lui, l'enfant devient alors le réceptacle des angoisses diffuses qui obscurcissent les psychés en ce début de siècle. Chaque activité extrascolaire correspond à la tentative de conjuration rituelle de l'une de ces peurs récurrentes. Afin de pouvoir faire face à une éventuelle attaque djihadiste et fournir une réponse adéquate à la violence parfois extrême du harcèlement scolaire, le « sur-enfant nietzschéen » est inscrit au kung-fu, au karaté ou au judo depuis qu'il a l'âge de faire la différence entre un tatami et un tapis d'éveil.

Personnellement, j'ai opté pour une formation à domicile et j'entraîne régulièrement mes fils au combat à mains nues : nous progressons actuellement sur le dossier épineux des clés de bras. Comme le monde se numérise à vitesse accélérée, le « sur-enfant nietzschéen » suit également un cours hebdomadaire de code informatique. Bien entendu, ce futur diplômé de Centrale Supélec ne doit pas négliger sa part créative, car c'est aussi celle qui permet de s'adapter, de faire émerger de nouvelles idées.

Après avoir avalé à la hâte son goûter sur un coin de trottoir, il fera du piano, de la guitare, du dessin, de la poterie, ou du cirque, histoire de ne pas laisser en friche la partie Van Gogh de son cerveau. Vous êtes déjà épuisé face à la perspective d'un tel programme ? Ça se comprend, mais il ne faut pas mollir. La vie en collectivité nécessitant un apprentissage, le « sur-enfant nietzschéen » verra une case « sport collectif » insérée au chausse-pied dans son planning millimétré. Même si ma femme n'était pas trop partante à la base, notre fils aîné est inscrit dans un club de foot installé en bordure de périphérique. Et puis, le « sur-enfant » pratiquera peut-être l'anglais grâce à une jeune fille au pair habilement sélectionnée et terminera sa semaine par un peu de méditation ; il est si important de savoir se détendre.

Exténués, les parents jouent les majordomes zélés, convoyant du gymnase au conservatoire cette descendance industrieuse. Aux yeux des autres, ce programme de renforcement au coût astronomique doit rester résolument opaque (voilà pourquoi je n'ai confié à personne que mon grand garçon faisait du tricot[30], moyen de lui apprendre à surfer avec fluidité sur les stéréotypes de genres). Ces cachotteries ont pour but de masquer le plus longtemps possible les habiletés particulières développées par l'enfant, afin qu'il puisse faire la différence le moment venu en sortant ces atouts de sa manche : « Ah bon, vous ne saviez pas qu'Hector maîtrisait la physique quantique ? ! »

Narcissisme des adultes

D'après une étude publiée dans le journal *Sport, Education & Society*, en mai 2018, par Sharon Wheeler et Ken Green[31], chercheurs à l'Université de Chester (Royaume-Uni), ces activités extrascolaires, qui ont lieu parfois cinq jours par semaine, serviraient en par-

---

30 Voir « Tu tricoteras mon fils ! », p. 116.
31 https://www.tandfonline.com/doi/abs/10.1080/13573322.2018.1470087

tie à flatter le narcissisme des adultes, constituant un élément central de ce qui est aujourd'hui considéré comme la « bonne » parentalité.

Mais, précisent les chercheurs, ces activités peuvent aussi conduire à réduire le temps passé en famille et, par le climat de pression constante qu'elles instaurent, nuire à l'éducation. Le « sur-enfant nietzschéen » n'est donc pas un enfant augmenté, mais quelqu'un qui finit par être nié dans sa singularité même, expulsé du territoire insouciant de l'enfance qui échappait jusqu'alors au registre asséché de la rentabilité. Sous sa forme la plus extrême, le « sur-enfant » est presque un « sous-individu », me dis-je, avant de foncer récupérer mon plus jeune fils à l'éveil musical.

QUAND LES ENFANTS S'EN FOUTENT, ADOPTEZ LA « FUCK IT THERAPY »

Quand on devient parent, notre grille d'analyse du réel se trouve bouleversée de fond en comble. D'ancien glandeur concerné par pas grand-chose, on passe en un clin d'œil au statut d'individu préoccupé par tout : l'hygiène des mains, l'heure du coucher, l'exposition aux écrans. Alors que vous traversiez l'existence avec une distanciation flegmatique tel « le Duc » du *Big Lebowski* (et, éventuellement, avec une robe de chambre élimée), vous voilà devenu un type pestant contre la grève de la maternelle et la présence de « sucre ajouté » dans les compotes.

C'est comme si, du simple fait que vous avez désormais un – ou plusieurs – enfant(s) à charge, votre façon de voir la vie avait été dépouillée en un clin d'œil de toute sa légèreté. Où est-il, ce poète inconséquent qui bâfrait des cacahuètes par poignées entières et s'enfilait des pintes de houblon sans se soucier du lendemain ? Apparemment disparu dans le triangle des Bermudes de la parentalité…

Anti-développement personnel

C'est pour reprendre contact avec cette légèreté existentielle évanouie que, ces dernières années, s'est développée la *« fuck it therapy »*, ou « rien à foutre thérapie », en français dans le texte. Consistant à balayer les injonctions d'un revers de main assorti d'un « je m'en fous ! » conjuratoire, cette méthode d'anti-développement personnel encombre les présentoirs des librairies : *Fuck thérapie* de Blandine Daveau, *L'Art subtil de s'en foutre* de Mark Manson, *Le Bonheur grâce à la thérapie du rien à foutre* de John C. Parkin…

Naviguant entre psychologie de comptoir et spiritualité laïque, ce courant aux contours flous souligne à sa façon l'une des dimensions les plus ironiques de votre nouvelle condition de parent : alors que vous êtes en train de vous transformer en individu stressé par tout un tas de détails sans importance, vous voyez se dresser face à vous, sous les traits rugissants de votre progéniture, une sorte de miroir inversé de votre propre névrose. En plus de balancer de la purée sur le mur du salon et de déranger le voisinage à force de cris stridents, ce punk en Babygro qui vous toise depuis la branche supérieure de l'arbre généalogique ne cesse de vous rappeler à votre embarrassant néoconservatisme.

Dans son ouvrage *La Magie du j'en ai rien à foutre*[32], Sarah Knight écrit : « Les enfants n'ont pas l'expérience de la vie, ce qui explique en partie pourquoi ils n'en ont rien à foutre. Tout est bien rangé dans leur tête parce que la connerie du monde qui nous entoure ne s'y est pas encore accumulée. Sales petits veinards. » Si les enfants sont de véritables virtuoses du je-m'en-foutisme, c'est en premier lieu parce que leurs besoins primaires sont satisfaits sans qu'ils aient à produire le moindre effort. De là découle un état d'esprit où tout ce qui peut paraître important à un cerveau adulte est relégué au second plan.

---

32 Sarah Knight, *La Magie du j'en ai rien à foutre. Adoptez la méthode MêmePasDésolé*, Paris, Marabout, 2016.

Je peux par exemple répéter quinze fois « Viens prendre ta douche ! », « Mets tes chaussures ! », « Range ta chambre ! » à l'un ou l'autre de mes fils, sans obtenir le moindre résultat tangible. Occupés à organiser une bataille de Playmobil, les deux mini-rebelles qui peuplent mon appartement n'en ont strictement rien à carrer de ces incessants rappels à l'ordre. Je finis donc immanquablement par m'énerver, mais, dans le fond, je trouve admirable cette capacité à appliquer, sans même les connaître, les principes de la *« fuck it therapy »*.

Un rapport différent au temps

En termes de détachement, les enfants nous surpassent allègrement. Cette divergence fondamentale d'attitude entre géniteurs et progéniture découle, je pense, d'un rapport différent au temps. Focalisé sur des buts à court, moyen et long terme, le géniteur devient gênant à force de vouloir imposer aux autres sa vision téléologique de l'existence : demain c'est l'école, alors il faut vite aller se mettre en pyjama pour être en forme dans un futur proche et devenir polytechnicien dans un futur lointain.

La progéniture, au contraire, n'a que des projets ici et maintenant. Au nom de cette immersion dans un présent amniotique, l'enfant ne voit absolument pas pourquoi il interromprait la construction de cette navette spatiale qui, pour ne pas être bancale, a impérativement besoin d'un second moteur. L'incompréhension intergénérationnelle découle donc, en partie, de ce profond hiatus temporel.

Mais qui a raison dans cette affaire ? Car, sans remettre en question le fait que les enfants ont besoin d'un cadre et de certaines limites, on ne peut nier qu'ils nous rappellent aussi, à leur façon, à nos propres errements. En tentant régulièrement de m'arracher à mon écran d'ordinateur à coups de mantras tels que « allez papa, on fait la bagarre », c'est comme si mes fils voulaient me faire toucher du doigt l'inanité de cette servitude auto-organisée et le caractère vicié de ma propre échelle de priorités.

Le je-m'en-foutisme enfantin n'est donc pas un nihilisme, mais au contraire une ultra-discipline, permettant à ceux qui l'appliquent de se concentrer sur les véritables priorités (le jeu, le plaisir de vivre, l'expérience des sens), en maintenant à distance l'empire, en partie nécessaire, en partie absurde, des attentes sociales. Malheureusement, l'éducation consiste, dans son versant le plus sombre, à annihiler cette merveilleuse capacité relativiste.

Voilà pourquoi ce matin, lorsque mon fils s'est pour la première fois empressé de mettre ses chaussures pour ne pas arriver en retard à l'école, j'y ai vu un progrès, mais je n'ai pu m'empêcher également d'y percevoir, avec une pointe de tristesse, le premier signe annonciateur d'un je-m'en-foutisme vacillant.

LA HONTE, ARME D'ÉDUCATION MASSIVE

Depuis que nous sommes devenus de simili-Américains mangeant des burgers et rêvant de start-up, les mots en « ing » ont envahi de nombreux pans de nos existences. La parentalité n'échappe pas à la règle.

C'est dans ce contexte de ravalement de façade lexical que s'inscrit l'apparition du terme *mom-shaming*. Composé de *mom* (« mère ») et *shaming* (« coller la honte »), ce mot désigne le comportement qui consiste à rabaisser une mère de famille en remettant en question ses choix éducatifs. Les réseaux sociaux, où chacun est un donneur de leçons en puissance, amplifient l'inclination de cette pente critique naturelle et lui donnent une portée inédite. « Comment ça, vous n'allaitez pas ? Dommage, c'est excellent pour l'immunité des enfants ! », pourrait être une phrase typique du *mom-shaming.*

Bienveillance gluante

Rappel au pouvoir quasi impératif de la norme, cette honte sociale est d'autant plus pernicieuse qu'elle s'accompagne d'une forme de bienveillance gluante, face à laquelle il est difficile de se positionner. Car c'est toujours au nom de votre bien, et de celui de vos enfants, que l'on va souligner le subtil écart qui existe entre votre façon de faire et un idéal supposé.

D'origine étrangère, ma compagne s'entend par exemple rappeler régulièrement qu'elle ne parle pas sa langue maternelle avec ses enfants. « Mais tu sais que, pendant les premières années, ces petits cerveaux sont de véritables éponges », lui martèle-t-on (moi y compris), histoire de souligner – comme si elle ne le savait pas – qu'elle passe à côté de ce temps précieux de réceptivité optimale.

Même s'il s'exprime sans volonté consciente de nuire, le *mom-shaming* finit bien souvent par faire naître en vous une culpabilité embarrassante. Et le père ? Lui aussi peut être victime de *dad-shaming*. L'autre jour, par exemple, je suis allé dîner avec mes enfants chez un petit traiteur, en bas de chez moi. Il devait être aux environs de 20 h 30 et, pendant que nous choisissions les plats, le restaurateur me posa la question suivante, sur un ton presque réprobateur : « Ils n'ont pas école, demain ? » Sous-entendu : si tu es là en train de leur commander des 7 Up et du poulet au lieu de leur lire les *Contes* de Perrault, c'est sans doute que tu dois être un papa en perdition.

À un degré encore plus poussé, on retrouve, transposé dans la relation aux enfants, cet appétit pour l'imposition quasi dictatoriale d'une norme.

Très en vogue aux États-Unis, le *kid-shaming* consiste à faire subir à votre progéniture, prétendument fautive, des humiliations qui seront rendues publiques sur les réseaux sociaux, comme s'il s'agissait d'un moyen d'édification ultime.

Voilà pourquoi circulent aujourd'hui de nombreux clichés sur lesquels de jeunes enfants, comme s'ils venaient d'être interpellés par la police, portent des écriteaux où sont notées leurs bêtises du jour – parfois, un simple pense-bête leur a été collé sur le front : « J'ai barbouillé les murs de ma chambre avec un feutre », « j'ai balancé des pâtes sur le tapis et j'ai refusé de les ramasser », « j'ai volé les boissons énergétiques de ma mère ».

Version modernisée du bonnet d'âne

Dans certains cas, cette version « modernisée » du bonnet d'âne va bien plus loin. Au confluent de la culture « Vidéo Gag » et de la torture psychologique, des géniteurs sans cerveau rabaissent publiquement leurs bambins en leur imposant la coupe de cheveux « Benjamin Button » (rasé sur le dessus du crâne, plus touffu sur le côté, comme si la calvitie avait frappé précocement).

Partagées sur Internet, ces images sont la mise en scène pitoyable d'une prétendue fermeté parentale offerte en pâture au regard de la foule. Mais, plus sûrement, elles témoignent du narcissisme grégaire et de la pression sociale décuplée qui servent désormais de ciment au village global, hystérisé par le numérique.

Ce climat délétère, aussi pesant que celui d'un hameau où tout le monde se regarderait du coin de l'œil, ne serait pas si prospère sans l'actuelle inclination au *sharenting*. Au quoi ? Néologisme formé à partir des termes *share* (« partager ») et *parenting* (« parentalité »), cet énième avatar de l'envahissante culture du « ing » décrit le fait de diffuser sur Twitter, Facebook ou Instagram du contenu en lien avec la vie de famille.

Confusion entre l'amour et le like

Cette surexposition commence parfois très tôt, avec la diffusion d'images d'échographie, qui relevaient il y a peu encore de l'intimité la plus absolue. En

France, depuis que poster des coupes transversales de son utérus est devenu cool, 30 % des bébés ont une empreinte numérique avant même de voir le jour (étude Gece, 2018[33]).

Le souci est que ce *sharenting* compulsif (également dénommé *oversharenting*) s'effectue bien souvent sans le consentement des enfants, bafouant ainsi leur droit à l'image le plus élémentaire et constituant un passif iconographique avec lequel ils devront composer. Dans le fond, ces petits ont-ils réellement envie que, vingt-cinq ans plus tard, leur patron les voie en turbulette en train de régurgiter de la purée de citrouille ? Ou nageant la brasse entre deux trompes de Fallope ?

Participant d'un mode de vie panoptique où l'existence de chacun ne semble accéder à l'épaisseur qu'à travers le regard approbateur du groupe, le *sharenting* s'inscrit dans une confusion de plus en plus courante entre l'amour et le like, l'être et l'à voir.

---

33 https://www.faireparterie.fr/etude-enfants-rapport-digital/pdf/Etude-digitalisation-vie-familiale-faireparterie.pdf

DU PAPA POULE AU PÈRE HÉLICOPTÈRE

Avant, le père qui se montrait activement impliqué dans l'éducation de ses enfants était affublé du sobriquet de « papa poule ». Un peu tendre, un peu dégradant, le terme a même inspiré, dans les années 1980, une célèbre série télévisée, mettant en scène cette figure nourricière de père complice, ramant avec bonheur au milieu d'un océan de marmots.

« Tu prends tout en main, les enfants, le bain, la bouffe. Non seulement tu es leur père, mais tu es aussi leur mère. Et moi, qu'est-ce que je deviens ? », lui reprochait alors sa femme orthodontiste, au moment de mettre les voiles. Chronique douce-amère du divorce, la série était également révélatrice des profondes mutations de la parentalité, sur fond de perte d'influence du patriarcat à l'ancienne.

À quand le Babygro avec airbag intégré ?

Ce que soulignait le terme « papa poule », outre une certaine indistinction des rôles, c'est cette inclination duveteuse à la surprotection qui allait s'imposer comme une nouvelle norme. S'il faut se méfier de la tendance à idéaliser le passé, je me souviens qu'enfant, encore à l'école primaire, j'allais régulièrement acheter seul les cigarettes de mes parents dans la cité d'en face, en traversant une rue passante où la visibilité était amoindrie par un virage. Aujourd'hui, en tirant sur leur clope électronique, les parents débattent de savoir s'ils doivent ou non équiper leur enfant d'un casque antichocs, afin de lui éviter les bosses lors de l'apprentissage de la marche. Assorties d'un harnais, les laisses pour bambins, qui font ressembler votre petit dernier à un épagneul en virée pipi, tout comme plus tard le GPS collé dans le cartable, traduisent une approche flippée du rapport à l'environnement. On s'étonne que personne n'ait encore inventé le Babygro avec airbag intégré.

Très en vogue, cette éducation exagérément précautionneuse s'accompagne d'une attention démesurée aux faits et gestes de l'enfant, qui peut déboucher sur une forme de stérilisation existentielle. Pour qualifier cette excessive sollicitude, les Anglo-Saxons ont forgé le terme de « parent hélicoptère ». Si le « papa poule » générait une forme d'étouffement encore artisanal, son successeur héliporté tournoie en permanence dans les parages de sa progéniture pour intervenir en cas de besoin – c'est bien connu, le danger est partout.

Soudain, vous apercevez un voisin qui s'approche de votre aîné et lui demande comment s'est passée sa journée d'école ? Vroummm, en bon parent hélicoptère, vous mettez les gaz et foncez en piqué pour répondre à sa place. « Superjournée, il a fait un collier de nouilles et a chanté *Sur le pont d'Avignon* ! », dites-vous, alors que votre enfant ne comprend pas vraiment pourquoi vous venez de lui voler son tour de parole.

Orientant les choix de ses descendants avec les meilleures intentions du monde, le parent hélicoptère, un peu garde du corps, un peu directeur de conscience, est toujours prêt à tailler à coups de pales le moindre bourgeon d'autonomie naissante.

Mais ne vous réjouissez pas trop vite en vous disant que vous n'êtes pas comme ça. Se substituer à l'enfant est quelque chose que l'on fait de manière souvent pavlovienne, sans même s'en rendre compte. Personnellement, il m'est arrivé des dizaines de fois d'ouvrir un emballage, de faire un lacet ou de casser une noix à la place de mes deux fils, en oubliant que le résultat importait finalement moins que la tentative d'apprentissage.

Je suis donc, à certains égards, un père hélicoptère – ou plutôt, disons, un papa drone, histoire de minimiser ma pathologie. Si mon fils préfère le dessin, je ne suis pas encore atteint au point de le réorienter vers la contrebasse.

Le parent « tondeuse à gazon »

Dans un tel contexte, lorsque l'oisillon s'envole du nid, il goûtera à coup sûr dans l'instant qui suit à la saveur amère du bitume. Publiée en 2018, une méta-étude menée par Charles Ganaprakasam de l'Université de Malaisie a montré que la parentalité hélicoptère pouvait entraîner, chez les adolescents, des perturbations de la santé mentale et des capacités d'apprentissage[34].

Depuis le début des années 2010, les enquêtes s'accumulent pour accréditer la toxicité de ce modèle éducatif. Certains spécialistes, comme la psychothérapeute new-yorkaise Brooke Donatone[35], y voient même une des raisons expliquant les difficultés de la nouvelle génération à entrer dans l'âge adulte. Adoptée au nom de l'enfant, cette prophylaxie délétère fonc-

34 https://www.researchgate.net/publication/326064433_Helicopter_Parenting_And_Psychological_Consequences_Among_Adolescent

35 http://www.slate.fr/life/81573/pourquoi-la-generation-y-est-incapable-de-grandir

tionne en réalité comme un anxiolytique pour parents, lesquels trouvent dans cette attitude protectrice un moyen de conjurer leurs propres angoisses.

On pourrait imaginer que, une fois le constat posé, les gens lâcheront du lest et que les enfants pourront recommencer à se faire des bosses sur le crâne et à manger les mégots qui traînent par terre. Eh bien non ! Car c'est compter sans l'apparition d'un nouveau sociotype sur le front de la « papapoulerie » augmentée : le « parent tondeuse à gazon ». Identifié par une enseignante américaine, qui a témoigné anonymement sur le site Weareteachers.com, ce phénomène désigne ceux qui mettent tout en œuvre pour que leurs enfants ne soient jamais confrontés à l'échec, à l'adversité ou aux difficultés.

Alors qu'une certaine prise de risque est indispensable au bon développement de chacun, ils tondent le moindre brin d'herbe qui dépasse (c'est une métaphore, hein !). Peut-être sont-ils aimants par ailleurs, mais ces parents, parce qu'ils empêchent le développement des mécanismes d'adaptation, finissent à la longue par devenir incroyablement rasoir. Pas vrai, les poussins ?

ARRÊTEZ (ENFIN) DE RÉPÉTER « ARRÊTE DE ME FAIRE RÉPÉTER ! »

Récemment, mon fils aîné a affiché sur la porte des toilettes de notre appartement un poster reçu avec l'un de ses *Astrapi*. Sur ledit document, on trouve, entre autres choses, une blague aux résonances post-lacaniennes, que j'ai trouvée très drôle : « On ne dit pas : "J'ai un perroquet", mais "Papa est d'accord". » Pour qui a eu un jour à s'occuper d'enfants, cette phrase sonne comme un parfait résumé du soudain vortex psittaciste dans lequel votre existence se trouve aspirée à partir du moment où vous entrez en contact avec ces charmants bambins. Devenir parent, c'est en effet se transformer au fil des mois en un infatigable répétiteur.

D'abord, pour apprendre à l'impétrant babilleur à faire correspondre les réalités du monde et des termes adéquats. Vous répétez donc inlassablement les mots, en commençant par ceux qui sont composés par des redoublements de phonèmes, dans l'espoir que votre progéniture, par un effet de mimétisme, se mette à les répéter à son tour, et à les intégrer. Votre quotidien redondant est peuplé de « doudous qui ont bu le lolo et pris leur ninnin pour aller faire dodo ». Vous avez alors à peu près la même originalité expressive qu'un disque rayé ; ce qui est follement régressif et, à ce stade, encore plaisant.

Comme une télécommande défectueuse

Mais au fil du temps, ce climat de répétition bienheureuse change foncièrement de nature. Ce ne sont plus des phonèmes que vous répétez, mais des phrases entières. Le plus souvent – il faut bien l'avouer – à l'impératif et en haussant le ton. « Mets tes chaussures », « range ta chambre », « finis ton assiette », « ramasse tes jouets », « arrête ton caprice ». Le plus incroyable, dans tout cela, c'est que plus vous répétez ces phrases, moins elles semblent audibles. Vous les martelez donc de plus belle, comme une télécommande défectueuse sur l'accoudoir du sofa.

Comble d'ironie, « ne me faites pas répéter ! » est, à ce stade, la phrase répétitive la plus ânonnée par les parents. Ces derniers se disent alors qu'ils ont face à eux des hédonistes récalcitrants dont la seule ambition est de bafouer leur autorité. La preuve : il suffit de demander « qui veut un chamallow ? » pour que la surdité de l'auditoire disparaisse soudain comme par enchantement. Néanmoins, même si les enfants n'entendent que ce qu'ils veulent, on aurait tort de voir dans leur manque de réceptivité la simple manifestation d'une mauvaise volonté. Comme souvent, avec ces mini-mentors, leurs récalcitrances sont à double fond, autant que riches d'enseignements.

Car nous, adultes, nous sommes au fil du temps habitués à la performativité de nos énonciations, dont on attend qu'elles produisent des effets immédiats sur le monde. Nous avons, d'une certaine manière, pris au pied de la lettre les thèses du philosophe américain John L. Austin, exposées dans son ouvrage *Quand dire, c'est faire*[36]. Or, en nous obligeant à répéter et répéter encore, les enfants nous rappellent à une réa-

---

36 John Langshaw Austin, *Quand dire, c'est faire*, Paris, Points Seuil, 1991.

lité oubliée : celle de la potentielle improductivité du langage. « Quand dire, c'est ne pas (forcément) faire » pourrait donc être un des axiomes centraux de la linguistique enfantine.

Plutôt que de penser que ces rebelles perlocutoires font exprès de ne pas répondre à nos injonctions – qui, d'ailleurs, aurait envie de contenter quelqu'un qui lui parle à l'impératif ? –, on pourrait aussi accepter que leurs urgences ne soient pas les nôtres. Que, dans leur échelle de valeurs, se mettre soudain à jouer avec ce Bakugan est une nécessité bien plus impérieuse que d'enfiler son blouson. Plaçant ses propres aspirations intérieures avant les attentes sociales, l'enfant nous invite à l'imiter, et à dire enfin « oui » à la vie immédiate, celle qui se manifeste dans l'instant présent.

Individu convalescent, le « perroquet » est donc potentiellement un futur « père OK », s'inscrivant dans un contexte marqué par l'évolution de la fonction paternelle. En quelques décennies, nous sommes ainsi passés d'une paternité institutionnelle et parfois brutale à une paternité relationnelle, aux tonalités plus positives. L'autorité lointaine de jadis, formulant essentiellement des interdits, a ainsi laissé place à la figure du papa complice, capable de remuer la tête du haut vers le bas en signe d'acquiescement, de prendre en compte le consentement des plus jeunes, et de partager avec eux une partie de *Mario Kart*.

« L'amour paternel peut désormais se concevoir dans l'implication interactive, directe, auprès et avec l'enfant. [...] La paternité relationnelle devient une nouvelle norme. Mais elle est loin d'être facile à satisfaire car il faut parvenir à lutter contre les stéréotypes du masculin traditionnel », écrit la sociologue Christine Castelain-Meunier, dans *L'Instinct paternel*[37]. Pour rendre justice à ces évolutions, il faudrait donc en finir avec le vieux concept psychanalytique de « nom-du-père », qui est également un structurel « non du père », faisant peser sur les rôles de chacun le poids des stéréotypes. Face à ce papa défait de ses oripeaux punitifs, c'est parfois à la mère, assumant à parts égales la fonction d'autorité, que revient le soin de formuler des limites sans lesquelles il n'y aurait pas d'éducation possible.

La répétition, un plaisir

Pour finir, soulignons que la répétition peut constituer en elle-même un plaisir. Voilà pourquoi le « père OK », s'il a évolué dans sa manière d'être, n'abandonne jamais totalement ses atours de perroquet. Dans *La Répétition*[38], le philosophe Søren Kierkegaard avance que « l'amour de la répétition est en vérité le seul heureux. [...] L'espoir est un habit neuf, raide et serré, étincelant, bien qu'on ne l'ait jamais porté et que par conséquent, on ignore s'il vous va, ou s'il vous siéra. Le ressouvenir est un vieil habit qui, si beau soit-il, ne vous va plus, car vous avez grandi. La répétition est un habit inusable qui vous tient comme il faut tout en restant souple, sans vous étouffer ni ballonner. »

Dans le fond, derrière la façade de l'agacement surjoué, on souhaiterait que ces répétitions ne s'arrêtent jamais, comme si l'on voulait revivre éternellement

---

37 Castelain-Meunier, *L'Instinct paternel*, *op. cit.*.
38 Søren Kierkegaard, *La Répétition*, Paris, Rivage Poche, 2003.

ces instants si précieux auprès de nos enfants et les transformer en hoquets existentiels susceptibles de conjurer la fuite du temps. Quand, adultes, vous retrouvez vos parents, ils se mettent d'ailleurs à vous répéter les mêmes choses que lorsque vous étiez enfants, activant à leur tour la même mécanique : « N'oublie ton bonnet, il fait froid dehors ! Tu m'as entendu, n'oublie pas ton bonnet ! ? » « Oui, tu me l'as déjà répété dix fois ! », répétez-vous alors à votre tour.

« DADCORE », OU LE NAUFRAGE STYLISTIQUE DU PÈRE DE FAMILLE

Quand je regarde mes enfants en train de jouer au parc, me vient souvent à l'esprit la réflexion suivante : comment se fait-il que ces petits soient mieux habillés que moi, alors qu'ils n'ont jamais été abonnés à *Teen Vogue,* ni à *MilK*, et qu'ils n'ont même pas de quoi se payer un tee-shirt du discounter Fabio Lucci ? La première réponse qui me vient est celle-ci : le corps d'enfant possède une grâce naturelle que l'adulte a perdue. Tout lui va. Un peu trop générique et essentialiste, cette piste voit sa validité remise en question lorsque j'examine les photos témoignant de ma propre enfance. Avec mes pulls trop serrés et affreusement bariolés, mes pantalons en velours vaguement pattes d'ef, et parfois même ma cagoule qui gratte, on dirait le figurant d'un remake de *South Park* par Tony Gatlif.

Si mes enfants sont mieux habillés que moi aujourd'hui, c'est donc, à mon sens, pour d'autres raisons. Désormais vitrine d'une bonne parentalité, l'enfant, en sa qualité d'investissement narcissique, est devenu un faire-valoir. En conséquence, ses dotations échappent à la compression de certains postes de dépenses. Si, d'après l'Insee, la part de l'habillement dans le budget des Français a diminué d'un tiers depuis 1960, et tandis que cette contraction s'est encore accentuée récemment (les dépenses vestimentaires globales représentaient 3,7 % du budget consommation des Français en 2005, à peine 2,8 %

en 2018), la mode enfantine reste épargnée par cette lourde tendance à la baisse. Représentant 12 % des ventes totales du secteur (étude Kantar, 2019), l'enfant joue aujourd'hui un rôle prescripteur qui en fait une cible stratégique de choix, scrutée, chouchoutée. Pas étonnant que le fameux *Sapés comme jamais* de Maître Gims soit un des refrains favoris des cours d'école.

Parfois avant même de savoir marcher, l'enfant arbore une paire de Nike collectors à vous faire baver, qui sera du plus bel effet sur Instagram. L'équation est assez simple : parentalité + réseaux sociaux = montée en gamme de la garde-robe enfantine. À cela s'ajoute la starisation de *babies* fashionistas qui dictent la tendance. Harper Beckham, la fille de Victoria et David, voit le moindre de ses looks décortiqué par la presse féminine. « Comme à chacune de ses sorties, la fashionista miniature travaille son style au détail près. Cette fois, elle joue la carte des sixties avec une robe babydoll à la coupe droite et à l'imprimé vichy. Et quoi de mieux qu'un collant noir opaque pour mettre en valeur cette robe aux accents vintage. Le détail punchy ? Ses petites Vans fleuries, qui apportent un peu de couleur et donnent du piquant à sa tenue », écrivait le magazine *Elle* en légende d'une photo de la petite Harper, alors âgée de 3 ans.

Dans le sillage de ces *babies* fashionistas, les enfants d'aujourd'hui sont habillés avec plus d'audace que jadis, osant, là où les adultes restent timorés, aussi bien le sweat à paillettes à tête de Ninjago que la chapka synthétique à oreilles d'ours (la coiffe iconique de mes deux fils). Pendant ce temps-là, selon le principe des vases communicants, le père de famille se laisse progressivement submerger par le laisser-aller vestimentaire. Lui qui maintenait jusqu'alors une certaine exigence stylistique en raison de l'impératif de séduction se retrouve comme un paon en RTT. Épuisé par sa nouvelle condition de daron multitâche, rendu hagard par les permanences de nuit et les changements de couches au radar, il cède peu à peu à l'emprise vénéneuse du tee-shirt non repassé. Son nouveau mot d'ordre (à articuler en détachant chaque syllabe) : fonc-tio-nnel.

L'étiquette qui dépasse

Pour qui n'y prend pas garde, cette vision utilitariste peut vite sombrer dans le crade, lorsqu'on s'affiche tout sourire en public avec des vêtements maculés de régurgitations sèches. On frôle là l'oubli de soi, mais dans le plus mauvais sens du terme. Un oubli qui n'a rien à voir avec une forme monacale de détachement existentiel, mais qui s'apparenterait plutôt à une soudaine amnésie des règles de bienséance. Depuis quand est-il bienvenu d'aller acheter le pain avec un sweat à capuche constellé de purée de potiron ?

Ce trou d'air stylistique qui affecte le père de famille (et parfois aussi la mère, soyons honnêtes) est même devenu un genre vestimentaire en soi : le « dadcore », contraction de *daddy* (« papa ») et *hardcore* (« extrême »). Jean informe et *stonewashed* exhumé d'un placard des années 1990, anorak trop large, grosses baskets génériques, avec en prime col de chemisette mal ajusté et étiquette qui dépasse, auquel on peut éventuellement adjoindre un sac banane : tels sont les attributs de ce look qui, à l'origine, avait pour fonction secrète de coller la honte aux enfants lorsqu'on allait les chercher à la sortie de l'école.

Ajoutez à cela la petite bedaine qui apparaît sous l'effet du combo bière + sédentarité, et vous obtiendrez un individu au look lambda, aussi affriolant qu'une escalope de dinde et sa jardinière de petits légumes. Oui mais voilà, cette apparence qui avait tout pour déplaire est devenue, par un incroyable retour de fortune, une des manières de s'habiller les plus en vue du moment. Même les marques de mode se sont emparées du dadcore, Balenciaga présentant une collection printemps-été 2018 totalement inspirée de cette façon de se (mal) vêtir.

Ce que souligne la notion de dadcore, c'est que le vêtement est ici rendu à sa fonction première, utilitaire, par l'approche anesthétique du parent. L'apparat relégué au vestiaire, l'habit se trouve ainsi arraché à l'empire suffocant des signes, des références, du paraître, retrouvant une sorte d'innocence perdue qui le rend fascinant. Voilà pourquoi je flotte dans mon jean et au cœur d'un incroyable paradoxe vestimentaire, où je suis à la fois moins bien habillé que mes enfants, et beaucoup mieux.

FISTON, REPRENDS UNE PART DE GHETTO

Aujourd'hui, en plus de savoir dire « areuh » et d'être à même de manger cinq fruits et légumes moulinés par jour, de nouvelles capacités sont attendues des enfants en bas âge. Au premier rang desquelles celle de faire précocement des *checks* et des *give me five*, cette gestuelle typique de la culture urbaine qu'exécutent les joueurs de basket de la NBA en entrant sur le terrain. J'ai remarqué la chose cet été avec un couple dont le tout jeune garçon, dès qu'il croisait quelqu'un, était exhorté en ces termes : « Allez, fais un check ! » Et le plus beau dans tout ça, c'est que l'enfant s'exécutait, emplissant les adultes de joie.

L'exaltation ici produite provenait en premier lieu de cet exercice imitatif réussi. Avec une telle vitesse d'apprentissage, l'enfant allait bientôt pouvoir restituer parfaitement la célèbre tirade de Robert De Niro dans *Taxi Driver* en se regardant dans le miroir : *« You' talking to me ? ! »* Mais ce que révèle plus largement cet appétit pour le check enfantin, c'est une nouvelle attente foncière des parents, désireux que leur progéniture affiche, avant même de savoir parler, une *street credibility* en béton.

Une ambivalence éducative étonnante

Dans le rap, le skate, le graff, c'est à un ensemble de signaux subtils que se mesure cette énigmatique « crédibilité de rue » : porter les bons vêtements, avoir les bonnes postures, savoir reproduire les codes adéquats, répondre efficacement à des tentatives d'intimidation.

Au cœur de cet univers de labellisation mutuelle où, comme le chante le rappeur Rohff dans son titre *Street crédibilité,* « vrai reconnaît vrai », les signes extérieurs ne suffisent pas : « Bouffon, t'as cru que manger des grecs te forgerait une street cred' », chante l'artiste. S'il est si dur d'être reconnu par ses pairs comme un rejeton du bitume, on peut alors se demander pourquoi un petit bout de chou qui n'a connu que la piscine à balles de la crèche et les guerres de territoire pour obtenir le contrôle des cubes empilables doit aujourd'hui se conformer à ces attitudes emblématiques des gangs.

Nous sommes là face à une forme d'ambivalence éducative étonnante : dans le fond, aucun parent sain d'esprit ne rêve que son enfant devienne dealeur de rue, avec pistolet Glock caché sous le sweat à paillettes et tatouage indélébile des MS-13 sur le front. Pourtant, sur l'échelle de l'idéal comportemental, force est de constater que l'enfant est moins fantasmé aujourd'hui comme un chérubin à marinière que comme un petit-cousin au quinzième degré de Tupac Shakur (paix à son âme).

Au lieu de l'inscrire à la danse classique, on mettra alors le petit dernier au hip-hop. Il n'aura pas des Kickers, mais une paire de mini-Nike dont la semelle a le pouvoir de tenir les murs (de la cité, ou autre). Et, dans sa chambre, son prénom s'affichera en grosses lettres graffées, comme si vous pénétriez dans une enclave contrôlée par un parrain de la drogue, au hasard El Chapo. « L'émergence et le développement des bombes de peinture "à l'eau" favorisent la généralisation de ce type de demandes », peut-on lire sur le site Graffeur-paris.com, qui propose des décorations pour chambres d'enfants.

Promotion de soi

Au-delà du côté résolument choupinou (on adore voir les petits faire comme des grands) de cette street-crédibilité enfantine, pareille tendance raconte aussi quelque chose de plus profond. Dans une époque où domine la promotion de soi, les parents ont à cœur d'en faire saisir les nuances les plus subtiles à leur progéniture, afin de l'armer pour le monde dans lequel elle débarque. Or, comme le souligne le chercheur au CNRS Karim Hammou[39], le « marketing de marge » a pris aujourd'hui le pas sur le marketing de masse. C'est au travers de leur dimension oppositionnelle, antisystème, que les discours circulent désormais le plus efficacement.

Même s'il y a là une part de fiction, afficher ses stigmates, sa rébellion est donc devenue un faire-valoir paradoxal. Ce que résume parfaitement le rappeur Booba dans son titre *Bakel City Gang* : « Moi, j'ai rien à prouver, mon casier parle en ma défaveur. » La périphérie du système figurant dès lors son cœur fantasmatique palpitant, ce qui est cool aujourd'hui, c'est cette marge à l'opacité magnétique. Le plus cocasse dans tout cela, c'est que le parent exige de sa progéniture une labellisation dont lui-même ne maîtrise pas les subtilités. Non, il n'est pas donné à tout le monde d'être street-cred' !

Quand je rentre chez moi avec mon imper à la Columbo et ma baguette « tradition » sous le bras, je sens bien que les lascars du quartier me regardent avec une pointe d'apitoiement, semblant se dire « ce

---

39 Karim Hammou, *Une histoire du rap en France*, Paris, La Découverte, 2012.

daron, c'est un vrai boloss » (un ringard, quoi). Étant totalement largué en termes de *street credibility*, je véhicule alors des codes résolument obsolètes auprès de mes enfants, en croyant être encore un peu dans le coup.

« Lâche ta moula »

Pouffant de rire quand je dis « *wesh* », ils se plaignent par ailleurs quand je mets sur la platine CD un vieil album du Wu-Tang Clan, trouvant horriblement compassé ce collectif de papys gangsters peut-être aujourd'hui perclus d'arthrose. Mes enfants, eux, ont longtemps préféré MHD, jeune star de l'afro-trap, un temps incarcéré à la suite d'une mise en examen dans une affaire de meurtre, et aujourd'hui en liberté sous contrôle judiciaire. C'est en écoutant d'une oreille distraite ses chansons que j'ai appris qu'on ne disait plus « passe-moi l'oseille » mais « lâche ta moula ».

Je dois me rendre à l'évidence, mes enfants sont en réalité bien plus street cred' que moi. Ils savent ce qu'est le « tchip », ce bruit de succion, accompagné d'un claquement de langue, exprimant le mépris ou la désapprobation. Connaissent le sens du terme « *cheh* », dérivé de l'arabe employé à tour de bras dans les écoles pour dire « bien fait pour toi »[40]. Et tiennent chaque jour leur rang à la récré lors d'affrontements qui, d'après ce qu'ils nous en rapportent, semblent aussi homériques qu'une embrouille entre deux favelas rivales. Ils sont même tellement dans le coup qu'ils ont forgé un nouveau terme pour souligner

---

40 Voir « "Cheh", l'argot que les enfants ramènent de la cour de récré », p. 120.

mon déphasage, contraction de « blédard » (le gars du bled, pas vraiment au fait des tendances) et de « daron » (papa). « Blédaron », tel est mon nouveau surnom tout mignon. C'est toujours mieux que « yeuv » (vieux), non ?

FAIS CE QUE JE DIS... ET PAS CE QUE JE FAIS

J'ai récemment participé à une rencontre avec l'institutrice de l'un de mes fils, où un détail m'a frappé. Alors que l'enseignante tentait de présenter son programme en articulant difficilement derrière son masque chirurgical (« On ne fera pas beaucoup de sorties scolaires cette année, mais on va se lancer dans des défis écologiques »), la moitié des parents présents avaient, à un instant ou un autre, le nez collé sur leur smartphone.

Je ne jette ici la pierre à personne, car j'ai moi-même consulté mes mails en douce durant cette réunion, en tentant vaguement de dissimuler mon appareil dans le casier de la petite table où j'étais installé, au dernier rang.

D'une certaine manière, le constat de cette addiction de masse m'a rassuré : il m'a apporté la confirmation que je n'étais pas le seul à gratifier mes enfants d'une éducation totalement incohérente, où chaque précepte affirmé avec l'emphase d'un militant luddite – « Arrêtez de regarder les écrans, c'est très dangereux ! » – est suivi d'une attitude totalement contradictoire, baignée dans un halo de lumière bleutée – « Mmmmouais poussin, Papa va venir te faire un bisou, mais avant il doit envoyer un dernier message de la plus haute importance au service après-vente d'Ikea... » (et terminer cet épisode de *BoJack Horseman*, mais ça, chut, il ne faut pas le dire).

« Avez-vous déjà parlé à votre enfant aujourd'hui ? »

En 2017, une campagne de sensibilisation allemande articulée autour du slogan « Avez-vous déjà parlé à votre enfant aujourd'hui ? » soulignait à sa manière l'étrange ambivalence du parent connecté. En effet, en Poméranie comme ici, nous craignons tous plus ou moins que l'omniprésence des écrans ne perturbe le développement cognitif de notre progéniture, sans nous apercevoir que nous sommes les premiers à en faire un usage immodéré. D'après une étude internationale menée en 2015 par AVG Technologies, 54 % des enfants trouvent que leurs parents se laissent distraire trop souvent par leur portable, 36 % le consultant même pendant les conversations.

Problématique, cette présence-absence débouche sur une attention dégradée aux autres, qui menace l'écologie relationnelle de la famille. À force d'être quotidiennement renvoyés au fait qu'ils sont moins attrayants qu'un fil Twitter, 32 % des enfants se sentent sans importance (étude AVG technologies).

« Papa, tu regardes trop les écrans ! », me répètent régulièrement mes fils, inversant totalement la relation éducative. Cela produit-il un effet quelconque sur mon cerveau anesthésié ? Oui, je peux éventuellement soulever une paupière et grommeler un truc désagréable. D'après une étude menée dans une quinzaine de fast-foods par des chercheurs du Boston Medical Center[41], les parents

41 Jenny S. Radesky, Caroline J. Kistin *et al.*, « Patterns of Mobile Device Use by Caregivers and Children During Meals in Fast Food Restaurants », ***Pediatrics***, 2014, http://pediatrics.aappublications.org/content/early/2014/03/05/peds.2013-3703

interrompus dans leur tango cognitif avec leur smartphone sont plus enclins à répondre de manière agressive à leurs chers bambins. Si votre père vous balance un « Finis tes nuggets fissa ou je te supprime le cadeau de ton Happy Meal ! », c'est donc que vous l'avez bien cherché.

Forme d'abandon parental

Face à ces constats divers mais congruents, il apparaît que, aveugles à notre propre addiction aux doudous numériques, nous sommes en réalité extrêmement mal placés pour dire à nos enfants d'arrêter de regarder les *Pyjamasques* sur la tablette. C'est comme si un fumeur de crack concupiscent vous invitait à y aller mollo sur la cigarette électronique.

Sur son blog, le psychiatre Serge Tisseron[42] avance même que cette incohérence éducative, qui se résume par la maxime « fais ce que je dis, ne fais pas ce que je fais », pourrait être une des causes des comportements problématiques rencontrés chez les plus jeunes, et ce pour plusieurs raisons : là où l'imitation motrice conduit les petits à reproduire les attitudes des grands (d'où cette tendance à téléphoner, par exemple, avec des briques Duplo), l'attention conjointe les fait s'intéresser à ce qui semble nous captiver. Comment alors comprendre, du point de vue de l'enfant, cet interdit pesant sur un comportement que les adultes ne cessent de survaloriser au quotidien ?

---

42 Serge Tisseron, « Enfants et écrans : ne créons pas une nouvelle catégorie diagnostique qui nous ferait oublier notre responsabilité », mai 2018, https://sergetisseron.com/blog/enfants-et-ecrans-ne-creons-pas-une-nouvelle-categorie-diagnostique-qui-nous-ferait-oublier-notre-responsabilite/

À cela s'ajoute une explication d'ordre affectif : « Si l'enfant ne trouve pas ce regard recherché, s'il ne trouve des échanges à la mesure de ses attentes, le risque est grand qu'il se scotche aux écrans comme un refuge contre une forme d'abandon parental en grande partie inconscient », écrit le psychiatre.

Attitude endémique, cette incohérence éducative est loin de se cantonner à la sphère technologique. Quel papa n'a pas, un jour, invité ses enfants à « débarrasser la table, parce que c'est important de participer », exhortation ânonnée depuis le fin fond du canapé ? « Arrêtez avec la grenadine, le sucre c'est très mauvais ! », peut marteler le même individu dans un autre contexte, tout en attaquant son troisième Spritz. Sans parler des douches interminables du patriarche décroissant qui, après avoir dilapidé l'équivalent d'une piscine olympique, encourage sans vergogne ses descendants à « économiser l'eau ».

Mais s'il y a bien un domaine où cette incohérence s'exprime à plein régime, c'est celui de la politesse. Coincé sur l'autoroute du Soleil, vous qui, quelques instants plus tôt, expliquiez d'une voix douce qu'on ne disait pas « tronche » mais « visage », vous mettez soudain à hurler les pires insanités : « Putain de bordel de chiotte, mais qu'est-ce qu'elles foutent là toutes ces bagnoles !!! Pourquoi j'ai pris cet itinéraire de merde, moi ? ! »

Comment, alors, retomber sur vos pattes de pédagogue respecté après ces multiples flagrants délits de non-exemplarité ? En expliquant simplement que cohérence et vérité ne sont pas la même chose et que les règles ne font pas tout. Édictées par des autorités ô combien faillibles, elles sont faites pour être pondérées en fonction des contextes.

DES BIENFAITS DU JEU VIDÉO

Depuis maintenant quelques années, mon fils aîné a pris pour habitude de m'offrir un jeu vidéo à mon anniversaire, en association avec des adultes un peu plus argentés que lui – comme chacun sait, ce loisir n'est pas donné. Il tient néanmoins à verser son écot à cette grande cause vidéoludique qu'il a embrassée assez spontanément, avec pour objectif de me maintenir à peu près à flot en la matière (et d'augmenter le catalogue de titres auxquels il pourra lui-même accéder).

Le premier qu'il m'a offert était *Street Fighter V* (Capcom), sur PS4. Un jeu de combat culte où l'on peut incarner des personnages désormais entrés dans la légende, tels Dhalsim (l'homme aux jambes élastiques) ou Chun-Li (jeune Chinoise célèbre pour son coup de pied rafale).

Rapidement, ce jeu est devenu non pas un tutoriel d'éducation à la violence, mais un sympathique carrefour transgénérationnel, qui nous a permis de nous retrouver autour d'un loisir commun, en passant de bons moments (et en oubliant mon arthrose du genou). Outre la baston, le fait de pouvoir changer d'identité et de se retrouver affublé de tout un tas de physiques improbables est un des plaisirs indéniables de *Street Fighter*.

Ayant forgé ses techniques de combat en s'entraînant contre des ours, le catcheur Zangief a ainsi eu les faveurs de mon fils cadet, trop content de se retrouver soudain sous les traits d'un lutteur surpuissant et barbu, capable de nous mettre hors de combat en trois coups de bottes. Une façon comme une autre, presque carnavalesque, de bouleverser les ordonnancements statutaires.

Garder le contact

Avec l'arrivée de la pandémie, le jeu vidéo est devenu chez nous un peu plus qu'un simple divertissement. Plusieurs de ses dimensions a priori annexes, qui passaient jusqu'alors sous les radars, se sont manifestées au grand jour. Au premier rang desquels sa fonction de socialisation à distance. Ainsi, durant cette période, mon fils aîné et son cousin sont restés en contact en se donnant des rendez-vous réguliers pour jouer en ligne à *Minecraft*, un univers dans lequel les participants transforment et réagencent des ressources « naturelles » représentées sous la forme de blocs.

Avec ses propriétés qui ne sont pas exactement celles de notre monde physique mais qui ne sont pas exemptes de règles non plus, *Minecraft* propose une vision où matière et information ont l'air de ne faire qu'un, donnant accès à un monde manipulable à l'envi. Les enfants y exercent leur créativité, fabriquent des objets inédits, des bâtiments fantasques, des *roller coasters* semblant défier les règles de la gravité.

Alors que les balades sont devenues plus compliquées dans le monde réel, mon fils et son cousin déambulent comme deux larrons en foire dans cet univers cubique et épique, sorte de nouveau Far West où ils prennent plaisir à faire péter des « blocs de TNT ». Vu de l'extérieur, *Minecraft*, au croisement de l'onirisme et de l'ingénierie, favorise la collaboration, loin du reproche d'isolement fait aux jeux vidéo.

Car, il faut le reconnaître, c'est bien souvent sur le mode de la pathologie qu'est envisagé ce passe-temps. En juin 2018, l'Organisation mondiale de la santé (OMS) allait jusqu'à classer l'addiction aux jeux vidéo dans les maladies mentales, celle-ci se trouvant caractérisée par « une priorité accrue accordée au jeu, au point que celui-ci prenne le pas sur d'autres centres d'intérêt et activités quotidiennes ». Si ce trouble ne concerne en réalité qu'une minorité de joueurs, son ombre portée obscurcit largement la manière dont on envisage aujourd'hui ce loisir.

Pour beaucoup de parents, et souvent de manière assez irrationnelle, le jeu vidéo fait figure de grand méchant loup, fustigé pour sa violence, son pouvoir hypnotique, sa cannibalisation de l'imaginaire. Le 3 février 2021, comme le rapporte *La Nouvelle République*, Brigitte Macron en remettait une couche sur ce thème, à l'occasion d'une visite à La Maison des adolescents du Loir-et-Cher. « *Fortnite*, c'est terrible... Quand ils sont sur des jeux comme ça, comment faire pour qu'ils arrêtent ? », glissait la première dame, horrifiée.

Une reconnaissance encore marginale

Si l'on ne peut nier que certains ados (et jeunes enfants) sont effectivement accros à ce hit chatoyant, le discours a été mal vécu parce qu'il fait peser un discrédit un peu trop général sur ces refuges pixélisés où, en temps de pandémie, on peut encore gambader librement.

Comme le souligne Serge Tisseron, deux mythes oblitèrent en négatif notre vision du jeu vidéo : celui de la confusion entre réalité et virtuel, et celui du potentiel repli du joueur sur lui-même. Or « ces deux dangers sont liés à la personnalité de certains joueurs et pas du tout à la spécificité de cette activité », écrit le psychiatre dans *Qui a peur des jeux vidéo*[43] *?*. Précisant, à propos des jeux, qu'ils « stimulent les fonctions d'attention – notamment visuelle – et de résolution d'énigmes, [...] l'apprentissage de la gestion de plusieurs tâches en parallèle – ce qui sera de plus en plus important dans une société où les stimulations sont toujours nombreuses et variées – et ils constituent enfin d'excellents supports de socialisation. »

Cette reconnaissance, encore marginale, des vertus du jeu vidéo, paraît s'être élargie avec la pandémie, puisque l'OMS elle-même, associée à plusieurs acteurs de l'industrie, a lancé en mars 2020 l'opération #PlayApartTogether (« Jouez ensemble, mais à distance »).

Message reçu 5 sur 5, comme en atteste l'incroyable succès d'*Animal Crossing: New Horizons* (Nintendo), sorti, comme par magie, au moment du premier confinement et dont il s'est écoulé quelque 31,18 millions de copies dans le monde en 2020. Est-il si surprenant qu'un univers bis où l'on peut vivre sans masque suscite un tel engouement ?

Une étude menée par des chercheurs de l'université d'Oxford sur cet opus et sur *Plants vs Zombies* (Electronic Arts), publiée en novembre 2020[44], concluait à une corrélation positive entre le jeu et le bien-être, appréciable quand les occasions de se faire plaisir se sont par ailleurs réduites comme peau de chagrin.

---

43 Serge Tisseron, *Qui a peur des jeux vidéo ?*, Paris, Albin Michel, 2008.
44 https://psyarxiv.com/qrjza/

Dans un autre genre, l'engouement de mon fils aîné pour *Among Us* (InnerSloth), jeu dans lequel il s'agit de démasquer et d'éliminer le traître mortel infiltré dans un vaisseau, est venu donner une forme ludique et exutoire à une certaine paranoïa virale, quand, de mon côté, ayant reçu *Donkey Kong Country: Tropical Freeze* (Retro Studios) pour mon anniversaire, je goûtais à l'exotisme ontologique de vivre, aux côtés de l'un ou l'autre de mes enfants incarnant un gorille, la vie bondissante et sans entraves d'un petit singe lanceur de bananes.

ÉLOGE DU PARENT NUL

Il y a quelques mois de cela, alors que mon fils aîné était invité à l'anniversaire d'un copain, nous nous sommes retrouvés à explorer ensemble les rayonnages d'un supermarché de quartier, en quête d'un cadeau de dernière minute.

Au milieu de cet océan de jouets sans attrait, mon fils est soudain tombé sur la perle rare. « Ça, ça va lui faire SUPER plaisir ! », s'est-il enthousiasmé, en montrant du doigt un énorme fusil d'assaut aux couleurs criardes, servant à catapulter des fléchettes en mousse dans l'intégrité physique de son prochain (oui, c'est ça, une sorte de LBD pour enfants). En adepte de la paix entre les hommes, mon premier réflexe a été le rejet catégorique : « Quoi, moi, acheter ce simili-objet de mort, c'est bien mal me connaître ! »

Quelques instants plus tard, nous étions à la caisse, et le fusil d'assaut avançait tranquillement sur le tapis roulant. Sur l'insistance de mon fils, j'avais fini par me dire que ce n'était finalement pas si grave, que moi aussi j'avais eu des pistolets quand j'étais petit et que je n'étais pas pour autant devenu un adepte des tueries de masse ; bref, que jouer à être violent, ce n'est pas la même chose qu'être réellement violent.

Raisonnement instinctif qui rejoint celui, plus informé, du psychiatre Stéphane Clerget[45], pour qui s'amuser avec des répliques d'armes permettrait même de canaliser son agressivité. Fort de cette

---

45 https://www.leparisien.fr/paris-75/paris-75005/ces-jouets-permettent-aux-preados-de-se-defouler-10-09-2010-1061560.php

construction théorique, je débarque au fameux anniversaire et, là, tout ne se passe pas tout à fait comme prévu.

Une sorte de Charlton Heston de l'Est parisien

Si l'enfant est effectivement ravi (« c'est le plus beau cadeau que j'ai eu cette année ! », exulte-t-il, en déballant l'énorme sulfateuse), les parents présents, eux, me regardent d'un drôle d'air, comme si j'avais commis un incroyable impair.

Soudain, j'ai la désagréable sensation d'être l'horrible représentant d'un influent lobby pro-armes, une sorte de Charlton Heston de l'Est parisien. Prenant le ton appliqué de celui qui parle à un fou qu'il faut absolument « déradicaliser » (sans pour autant le brusquer), un papa me glisse, l'air de rien : « Moi, j'ai acheté des smart games... » Moue dubitative de ma part. « Ben oui, des jeux intelligents », ajoute-t-il un peu désolé, en me montrant une sorte de puzzle multicolore en 3D, qui semble avoir été conçu par un chercheur du Massachusetts Institute of Technology (MIT).

Dans la préface de l'ouvrage *Parenting Culture Studies*[46] consacré aux études sur la condition de parent, Frank Furedi, également auteur de *Paranoid Parenting*[47], écrit : « Si la culture occidentale attache une telle importance à la parentalité, c'est qu'elle

---

46 Ellie Lee, Jennie Bristow, Charlotte Faircloth et Jan Macvarish, *Parenting Culture Studies*, Londres, Palgrave Macmillan UK, 2014.

47 Frank Furedi, *Paranoid Parenting: Why Ignoring the Experts May be Best for Your Child*, Chigaco, Chicago Review Press, 2002, non traduit.

est considérée potentiellement comme la source de tous les problèmes sociaux qui affectent nos communautés. »

À la fois poison et contrepoison, la parentalité est de plus en plus vécue aujourd'hui comme une médecine homéopathique préventive où l'enfant (qui tient le rôle de la micro-granule 5 CH), parce que porteur de valeurs positives, deviendrait alors le véhicule d'une guérison du corps social. En conséquence, une chambre remplie de jouets en bois non genrés, de tipis indiens écoresponsables et de lampions diffusant une lumière douce serait le signe presque prophétique que le monde de demain sera radieux.

Dans ce contexte, se montrer un bon parent excède alors le simple cadre de l'éducation, pour devenir un enjeu central dans la définition de soi. De la même manière qu'est apparue dans la sphère professionnelle une autopromotion permanente que l'on nomme le *personal branding*, se développe aujourd'hui ce que l'on pourrait appeler le *parental branding*.

Des phrases reconnues comme valorisantes permettent à moindres frais de faire grimper en flèche votre cote personnelle, véritables mantras que tous les parents ânonnent sans se rendre compte qu'ils participent d'un authentique psittacisme comportemental : « On l'a mis très tôt à la draisienne, c'est pour ça qu'il a un bon équilibre », « depuis qu'on l'a inscrit dans une école Montessori, il ne fait plus de cauchemars la nuit », « à 5 ans, il a déjà vu tout Miyazaki ».

La théorie de « la mère suffisamment bonne »

Face à ce modèle idéal au regard duquel chacun semble jouer la surenchère, il est courant de se sentir un peu nul, largué. Ainsi ai-je bien souvent le sentiment que mon approche de la parentalité n'est pas à la hauteur des enjeux de l'époque.

La chambre de mon fils aîné ressemble à une armurerie, là où celle du plus petit, envahie de jouets de facture douteuse, semble avoir été sponsorisée par un consortium de l'industrie plastique, constat lamentable que troublent les échos d'un interminable dessin animé *Pokémon* s'échappant de sous la couette. Est-ce un drame ? Absolument pas.

Finalement, je m'accommode fort bien de cette façon de faire, sorte de « parentalité gluten » qui permet d'alléger le poids des injonctions. Et, pour tout dire, cette inclination est moins une coquetterie qu'un réflexe de survie psychique. Dans une étude collective publiée en 2012 dans le *Journal of Child and Family Studies*[48], on apprend que le fait de s'envisager comme parent idéal peut déboucher, en particulier pour les femmes, sur une augmentation du stress et de la culpabilité, suscitée par la peur de vivre une évaluation négative de ses habiletés éducatives. C'est donc bien le regard social, et non l'intérêt premier de l'enfant, qui commande aujourd'hui les comportements.

Pour savoir où se situe cet intérêt, il peut être intéressant de se replonger dans la théorie de « la mère suffisamment bonne » du psychiatre Donald Winnicott. De la même manière que cette maman

---

48 https://link.springer.com/article/10.1007%2Fs10826-012-9673-2

permet à son enfant de se détacher en prenant progressivement du champ avec la satisfaction idéale des désirs, le « parent suffisamment bon », en assumant sa part d'imperfection, semble s'inscrire lui aussi dans une œuvre quotidienne de nécessaire désillusion. Autrement, il se ferait, parfois même à son insu, l'architecte d'un pseudo-paradis trop addictivement douillet, une bulle presque impossible à quitter.

SUIVI DE

JOURNAL D'UN PARENT CONFINÉ, PUIS DÉCONFINÉ

ON VA ÊTRE ENSEMBLE TOUTE LA JOURNÉE...

I : COMMENT JE SUIS DEVENU INSTIT PAR INTÉRIM

Au moment où le gouvernement annonçait son intention de confiner la population, lundi 16 mars 2020, un ami m'a envoyé une photo légendée qui résume parfaitement l'état d'esprit du parent face à cette soudaine crise sanitaire. On y voit l'inquiétant Jack Nicholson de *Shining*, partant en voiture, avec femme et enfant, en direction d'un hôtel perdu dans la montagne, sourire carnassier au coin des lèvres. « Quelques semaines d'isolement en famille. Je ne vois pas comment ça pourrait mal tourner », dit le texte, qui est bien entendu à lire à rebours.

En réalité, les raisons pour que ça tourne mal sont légion. Ceux qui ont déjà vu d'adorables bambins tenter de s'énucléer pour une broutille savent de quoi je parle. Sans être aussi inquiétante que le virus lui-même, cette promiscuité forcée entre des parents devenus des pionniers du télétravail de masse et des enfants sans cadre scolaire a tout de la situation expérimentale potentiellement explosive.

Là où une grande partie de nos vies consiste habituellement à nous fuir les uns les autres au travers d'activités dites sociales (« Pas ce soir les enfants, papa gère son compte Insta »), nous voilà contraints de nous regarder dans le blanc des yeux, comme si nous étions tous devenus les candidats d'un remake domestique de Loft Story. « C'est trop cool, ça fait des mini-vacances ! », s'est exclamé mon fils aîné, pas vraiment effrayé par la perspective de ce radical vivre-ensemble.

Paradoxale légèreté

Parce qu'ils brisent le continuum de la routine, redéfinissent les rôles, remodèlent l'espace-temps, les moments tragiques de l'histoire sont toujours empreints d'une paradoxale légèreté. Ils sont donc aussi, à certains égards, des moments de liberté.

De mon côté, c'est moins le ravitaillement qui m'angoisse (nous avons des pâtes et du papier toilette) que mon nouveau statut d'enseignant intérimaire. Un job qui m'est tombé dessus du jour au lendemain. Avant que nous, petites particules prises dans les embouteillages géants d'un vaste exode national, ne venions nous installer dans la maison de feux mes grands-parents qui a l'avantage de bénéficier d'un jardin, l'éducation nationale nous a fourni des imprimés, avec des identifiants et des mots de passe, histoire d'avoir accès à du matériel pédagogique par le biais d'une plate-forme numérique. Mais quand 13 millions d'enfants tentent d'accéder au même service en même temps, l'issue est prévisible : le plantage.

Des devoirs pour une semaine ont – heureusement – été consignés dans le cahier de mon fils aîné, ce qui nous fournit une feuille de route assez claire pour les premiers jours à venir. Quant aux institutrices (mes nouvelles collègues), elles se montrent rapidement présentes à travers la messagerie électronique, se proposant de corriger les devoirs à distance. Elles nous envoient, en prime, des « ondes de courage » et des « gros bisous » pour les enfants.

Lorsque la société cesse d'être une évidence concrète, elle devient soudain une réalité expressive. Les gens se disent qu'ils s'aiment, prennent des nouvelles les uns les autres, retissent des liens distendus. Malgré toutes ces bonnes vibrations, la première journée de confinement confine à la glandouille absolue. Comment vous mettre au boulot quand vous étreint l'étrange sentiment d'être naufragé chez vous, et que ce chez-vous est chez quelqu'un d'autre ? Comme si tous nos préceptes éducatifs avaient été balayés par ce soudain bouleversement de nos habitudes, les enfants se couchent à 1 h 30 du matin le premier soir, après une interminable session télé. « Il faut qu'ils comprennent qu'ils ne sont pas en vacances. Il faut être ferme et motivant. Et s'ils n'arrivent pas à se gérer de façon autonome, mieux vaut arrêter des plannings précis », me conseille ma mère, ancienne institutrice, sur FaceTime, alors que pépé enchaîne les grimaces en arrière-plan.

Elle a l'habitude de faire travailler ce type de forcenés en culottes courtes. Moi, non. À vrai dire, mon autorité professorale est proche du néant. J'ai, de plus, un profond sentiment d'imposture, alimenté par le fait que je ne sais plus vraiment faire une multiplication à la main. Alors qu'il est censé conjuguer des verbes à l'imparfait (« nous nous confinions », par exemple), mon fils aîné joue à *Qui est-ce ?*, un célèbre jeu de société basé sur la déduction. Le plus petit, lui, ne suit pas du tout son programme de motricité fine (il devrait être en train de placer des haricots dans des bacs à glaçons), mais se prend pour Saint-François d'Assise, cui-cuitant joyeusement à tout va : « Papa, tu savais que je pouvais parler aux oiseaux ? », me dit-il très sérieusement.

« Nous sommes en guerre », avait prévenu Emmanuel Macron, et j'ai le sentiment qu'il va falloir très rapidement rectifier le tir. Le lendemain, je mets au point une stratégie en trois temps : 1) Limiter au maximum l'usage des écrans (un ami m'a expliqué au téléphone que son fils devenait fou quand on tentait de lui retirer l'iPad) ; 2) Déléguer l'enseignement des multiplications à ma compagne ; 3) Définir un cadre un peu plus strict – mais pas trop quand même – et mettre à profit cette situation inédite pour stimuler l'aisance rédactionnelle de ma classe bi-niveau.

« C'est sympa l'école à la maison, parce que je ne dois pas rester assis toute la journée. Mais c'est horrible que des gens meurent », a écrit mon fils aîné dans son « Journal du confinement », me rappelant que derrière l'apparente légèreté avec laquelle ils s'adaptent à la situation, rien de l'essentiel n'échappe aux enfants.

II : JURASSIC PARK DANS MON JARDIN

Actuellement confiné dans la maison de mes regrettés grands-parents, j'ai la chance d'avoir accès à quelques mètres carrés de jardin. C'est là, sur ces micro-arpents de terre imbibée d'eau, qu'est née, ces derniers jours, une nouvelle controverse aux sommets de la science enfantine.

Voici les faits : pour passer le temps, dont les repères habituels commencent à se brouiller, mon plus jeune fils s'est mis à gratter le sol et, opiniâtre, a fini par déterrer des os, très vraisemblablement enfouis là par le chien de mes aïeuls quelques années auparavant.

« C'est des os de velociraptor[49] ! », s'est alors exclamé le découvreur, en étalant sa trouvaille sur la table du salon. « Mais non, c'est des os de poulet », lui a rétorqué son frère, du haut de son rationalisme de CE2. « Enlevez-moi ça de la table, c'est sale ! », a alors ajouté ma femme. Une chose est sûre, vu la taille des ossements, ce ne sont pas des tibias de tyrannosaure.

« Je vous dis que ça sent le dinosaure ! », a insisté le plus jeune, en faisant mine de humer l'os avec une moue de spécialiste. « Arrête, tu ne sais même pas à quoi ça sent, un dinosaure ! », lui a rétorqué son

49 Saddak Singh, jeune Anglais de 6 ans, confiné à Birmingham avec ses parents a lui trouvé récemment, grâce au kit d'archéologie pour débutant qui lui avait été offert à Noël, un fossile de corail vieux d'environ 500 millions d'années, enfoui dans le jardin familial. Comme quoi. https://www.francetvinfo.fr/replay-radio/l-etoile-du-jour/pour-soccuper-en-plein-confinement-un-garcon-de-6-ans-fouille-son-jardin-et-tombe-sur-un-fossile-vieux-de-500-millions-dannees_4333605.html

grand frère. Bref, on eût presque dit une polémique entre spécialistes des maladies infectieuses à propos des vertus de l'hydroxychloroquine.

Obnubilé par les dinosaures

On aurait pu voir là, aussi, le signe inquiétant d'un début de folie produit par le confinement sur notre cellule familiale (nous n'avons vu personne depuis des jours). J'ai alors tenté de mettre tout le monde d'accord en expliquant que, d'après une étude parue en 2011 dans la revue *Science*, le poulet serait en réalité un descendant du terrible T. Rex, ce qu'aurait permis de démontrer l'analyse de collagène retrouvé dans le fémur d'un dinosaure vieux de 68 millions d'années. En gros, le KFC, c'est un peu Jurassic Park saupoudré de chapelure.

Cette leçon de choses (c'est mon côté enseignant intérimaire) n'a pas suffi à éteindre la polémique ni à faire baisser la fièvre qu'a suscitée la quête d'os de poulet (ou de velociraptor, laissons la place au doute). Comme il est actuellement très difficile de se projeter dans le futur, on peut se dire que cette focalisation sur les vestiges du passé a quelque chose de logique. Mais elle n'est pas uniquement circonstancielle. Depuis plusieurs mois déjà, mon fils est obnubilé par les dinosaures, une passion largement partagée par les enfants de son âge. Dans sa classe, un autre petit garçon est encore plus calé, ayant mémorisé les noms compliqués de plusieurs spécimens disparus. « Ah bon, tu connais pas le utahraptor ? », m'a-t-il dit un jour, visiblement estomaqué par mon ignorance.

Il est clair que, de mon temps, ces vieux tas d'os ne nous passionnaient pas autant. Alimentée par les produits de toute une industrie (livres, films, expos itinérantes), cette maîtrise d'un domaine de compétences pointu permet aux enfants d'aujourd'hui d'en remontrer aux adultes, ce qui n'est pas, en soi, une mauvaise chose (pourquoi les transferts de connaissances se feraient-ils à sens unique ?).

Nous avons donc décidé de consulter ce spécialiste par texto, adressant à ses parents une photo des fameux os, accompagnée de ce message : « Bonjour, j'espère que tout va bien pour vous. Le professeur M. a déterré quelques os dans le jardin de ses arrière-grands-parents et voulait avoir l'avis du professeur S. S'agit-il d'os de dinosaures (hypothèse 1) ou de simples os de poulet (hypothèse 2) ? » La réponse est arrivée quelques minutes plus tard : « Pas l'ombre d'un doute, ce sont des os de poulet. Dixit le professeur S. Sympa de donner de vos nouvelles ! »

Une pensée écologique complexe

Épidémique, l'actuelle dinomania oriente aujourd'hui jusqu'aux aspirations professionnelles de mon plus jeune fils, lequel ne cesse de me répéter qu'il veut être archéologue. Cette petite confusion entre l'archéologie (étude des vestiges matériels des civilisations disparues) et la paléontologie (étude des restes fossiles des êtres vivants du passé) est non seulement touchante, mais également – à certains égards – signifiante.

En effet, en raison des dégâts que l'homme inflige à l'environnement, la possibilité de disparaître en tant que civilisation se double aujourd'hui d'une possibilité inédite de disparaître en tant qu'espèce.

Car si nous sommes « en guerre » (pour reprendre une expression présidentielle), ce n'est pas seulement contre le coronavirus, mais également contre le vivant au sens large, comme en atteste la litanie des catastrophes qui rythment désormais le quotidien (mégafeux de forêts, vagues de chaleur insupportables, disparition d'espèces).

En se focalisant sur les dinosaures, on peut donc se demander si les enfants ne tentent pas d'articuler, à leur manière, une pensée écologique complexe, dont les subtilités échapperaient aux adultes. Une pensée paradoxale où la puissance et la prédation caractéristiques de l'anthropocène (représenté par la figure métaphorique du T. Rex) rimeraient avec disparition. Où l'acmé de la maîtrise serait également son hallali.

« Papa, j'ai encore trouvé un os ! », s'est de nouveau écrié mon fils qui, à ce train, va bientôt « déconfiner » tout un squelette (de diplodocus ?).

III : JEUX, TESTS ET MATHS

Alors que mon fils aîné, au début du confinement, traînait les pieds pour faire ses devoirs – une confusion semblait s'être installée dans son esprit entre vacances et télétravail –, son comportement a radicalement changé du jour au lendemain. À tel point qu'il sifflote désormais au moment de s'y mettre, petit artisan soudain heureux de s'attaquer à une pile austère de multiplications.

La fée de la « continuité pédagogique » se serait-elle penchée sur sa nuque harassée ? Pas tout à fait. En réalité, mon garçon a découvert Mathéros.fr, une plateforme conçue pour étudier le calcul mental à distance et dont les codes d'accès nous ont été fournis par l'Éducation nationale, contrainte de gérer tant bien que mal le maintien à domicile de presque 13 millions d'élèves.

Une aventure protéiforme

Au début du confinement, dans la confusion qui régnait alors, l'intérêt de la chose nous avait échappé et nous en étions restés aux fichiers de devoirs envoyés via courriel, en pièce jointe, par l'enseignante. Puis, en parcourant à nouveau les messages de l'école, un peu comme on mettrait la main sur une vieille malle oubliée, nous sommes retombés sur le lien vers ce qui pourrait s'apparenter à un Jumanji éducatif, du nom de ce film où les protagonistes du monde réel sont absorbés dans un immense jeu vidéo. « Deviens un super-héros du calcul mental », tel est le slogan inaugural de cette expérience d'apprentissage ludique par écran interposé, dans laquelle mon fils s'immerge avidement chaque matin.

Ses céréales à peine englouties, il me pique mon iPod pour se passer en boucle la musique du film *Les Gardiens de la Galaxie* (ça le galvanise) et allume l'ordi comme on démarrerait une console Switch. Prisé des jeunes générations, l'univers des comics sert ici à emballer des missions où la résolution d'opérations de calcul permet de progresser dans une aventure protéiforme. Rapidement, le cerveau de l'enfant comprend que 4 x 3 n'est plus seulement égal à 12, mais lui octroie aussi un gallon d'essence pour aller de l'avant. « Waouh, je suis dans l'espace, je pilote un vaisseau ! », s'enthousiasme l'écolier, occupé à slalomer au milieu d'astéroïdes incandescents et d'ennemis hostiles.

Est-il en train de jouer ? De faire des maths ? Les deux, mon général ! Totalement absorbé par ce *space opera* arithmétique, il reproduit avec sa bouche des bruits de tirs de mitrailleuse, signe que sur le front scolaire aussi, nous sommes « en guerre ».

D'après le ministre de l'Éducation nationale, Jean-Michel Blanquer, de 5 % à 8 % des élèves auraient déjà été « perdus » par leurs professeurs, tombés au champ d'honneur du confinement, happés par des tunnels de dessins animés, démotivés par la langueur des journées sur canapé. « Imagine, si je prends tous les diamants, j'aurai les doubles tirs et je vais les défoncer ! », s'écrie mon fils, qui vient de résoudre des opérations lui permettant de renforcer son armement.

Heureusement, au cœur de cette boucherie galactique, d'autres missions ont des visées plus écologiques, proposant d'arroser des arbres ou d'éteindre des incendies. Au bout du compte, les points accumulés lors de ces épopées mathématiques permettent à l'enfant d'étoffer l'équipement de super-héros de son avatar, en acquérant un masque, une nouvelle paire de collants ou une cape dernier cri, qu'il peut ensuite comparer à ceux des autres personnages représentant les élèves de sa classe (à l'heure où j'écris ces lignes, certains de ces super-héros sont encore en slip). On peut donc se dire que, en raison de cette dynamique capitalistique, ce jeu éducatif, où il s'agit un peu schématiquement de sauver la planète tout en continuant à entretenir sa fièvre pour le shopping, n'est pas exempt d'idéologie.

Économie de la récompense

Néanmoins, quand mon fils vient me demander spontanément de lui faire réviser la table des multiples de 7, je ne peux que constater l'efficacité presque miraculeuse de cette usine à gaz, qui résume à elle seule à la fois l'intérêt et les limites de l'éducation numérique à distance.

Là où l'apprentissage classique repose avant tout sur les subtilités de la relation humaine, ces dispositifs ont pour pilier central une économie de la récompense que l'on peut considérer comme plus ou moins pavlovienne. C'est ce que les spécialistes nomment la « pointification », soit le recours à des mécanismes de motivation ludiques dans des univers qui ne sont pas initialement ceux du jeu. « Papa, tout le monde est sur les écrans et pas moi, c'est pas normal ! », se plaint alors mon plus jeune garçon.

Un autre des aspects importants de ce nouveau type de scolarisation est qu'il fait de l'ordinateur (lorsqu'on a la chance d'en avoir un) une ressource stratégique, que tout le monde se dispute âprement.

Entre la rédaction d'un article sur le confinement et le visionnage d'un film sur Netflix, je prête donc également mon Mac portable à mon fils cadet pour qu'il puisse se connecter à Lililo, « une solution d'apprentissage de la lecture à distance ». Dans un décor de forêt pastel, il est accueilli par un grand cerf. « Félicitations, tu as gagné un badge, car tu as appris quelque chose de nouveau aujourd'hui », le congratule, quelques instants plus tard, le système d'encouragement automatique. « Super, moi aussi j'ai un jeu électronique ! », exulte l'apprenant.

IV : « LE DÉCONFINEMENT ? NON, MERCI ! »

C'était un matin de confidence, devant un bol de céréales au chocolat : « Moi, je ne veux plus jamais être déconfiné. Le confinement, papa, c'est trop cool ! », m'a dit mon plus jeune fils. Même si l'enfermement est loin d'être une partie de plaisir pour tout le monde, le sentiment exprimé ici de manière abrupte est partagé – pour des raisons diverses et avec un engouement plus mesuré – par de nombreux adultes. Selon un sondage BVA pour Europe 1 et Orange, un quart des Français espèrent que le déconfinement sera repoussé au-delà du 11 mai, là où 38 % souhaitent qu'il soit lent, et étalé sur plus de deux mois.

Au-delà des craintes sanitaires liées à une reprise de l'épidémie, on peut voir, dans ce refus d'abandonner le cocon domestique, l'aveu qu'il est toujours psychologiquement compliqué de faire le deuil d'un refuge.

À un moment, il convient donc de se demander si nous ne sommes pas atteints de cette nouvelle pathologie sociale qualifiée par l'auteur américain Mark Manson de syndrome FOGO, acronyme de *Fear of going out* (en gros, la peur de mettre le nez dehors). Détournement du syndrome FOMO *(Fear of missing out,* soit la peur de rater quelque chose à l'heure des réseaux sociaux), le FOGO peut se définir comme cette inclination à toujours trouver les meilleures raisons du monde pour rester chez soi[50].

---

50 Ce que raconte fort bien Vincent Cocquebert dans son ouvrage *La Civilisation du cocon. Pour en finir avec la tentation du repli sur soi* (Paris, Arkhê, 2021), c'est que le confinement a concrétisé une aspiration au repli sur soi qui a des racines bien plus profondes, mélange inhibant de trouille de l'extérieur, de l'altérité, de l'impondérable.

Dans notre cocon, la vie quotidienne s'est vite restructurée autour de nouveaux rituels. À 20 heures, sur les ondes de France Bleu, *À nos héros du quotidien,* le tube du rappeur Soprano, vient marquer le basculement de la journée vers le début de soirée. Le jeudi, un film populaire est généralement diffusé sur TF1, et se caler devant le poste est le meilleur moyen de savoir où en est la 7e compagnie, allégorie de nos propres embourbements. Le vendredi, un apéro de catégorie 2 (avec pizza maison) vient marquer la fin de semaine de télétravail, laquelle a généralement été rythmée par un certain nombre d'apéros de catégorie 1 (avec des chips). Bref, on n'ose pas le dire trop fort, mais tout cela a presque un côté agréable, hors du temps, hors du monde.

Le visage hideux du monde d'avant

À part les expéditions au supermarché et quelques virées à la Maison de la presse, nos semaines de quarantaine se sont – à deux promenades près – résumées à un enfermement quasi absolu, malgré mes tentatives de survendre les virées poubelles pour inciter les enfants à aller faire un tour. Pas facile donc de s'imaginer sortir à nouveau de sa bulle et interagir avec ses contemporains alors que rôde, de poignées de main en poignées de porte, un virus potentiellement mortel.

À cela s'ajoute un autre phénomène, un repli qui se traduit cette fois par la peur d'ouvrir à d'autres un espace domestique jugé comme sécurisé. On pourrait l'appeler le syndrome FOCO (acronyme de *Fear of cocoon opening,* soit la peur de l'ouverture du cocon). Finalement, se dit le focoïste, on n'est pas si mal que ça dans cet entre-soi régressif, où la cellule familiale devient un monde se suffisant à lui-même. Pourquoi, alors, renouer avec ceux qui viennent de l'extérieur, porteurs de dangers potentiels ?

Mais ce rejet diffus du déconfinement a incontestablement d'autres racines. Notamment cette idée que le monde d'après pourrait reprendre le visage hideux du monde d'avant, où les oiseaux meurent et les SUV prospèrent. Lorsque j'ai interrogé mon fils aîné sur la question, il m'a fait savoir qu'il souhaitait être déconfiné le plus tard possible. Pourquoi ? « Je préfère le télétravail, c'est mieux que d'être assis pendant quatre heures sur une chaise. »

En brisant la routine, cette inédite période de quarantaine nous a donc arrachés à l'état d'hébétude dans lequel nous nous trouvions, nous faisant toucher du doigt des évidences alternatives que l'on ne voyait pas. Les enfants ont compris qu'on pouvait continuer à apprendre sans forcément être enfermé entre quatre murs. Les adultes, eux, ont constaté que l'on ne disparaissait pas du monde des vivants parce qu'on cessait soudain de faire du shopping et de prendre l'avion.

À petits pas, le confinement (physique) a débouché sur un déconfinement (mental), soit l'idée que la vie pouvait être vécue différemment, en faisant l'économie d'habitudes superflues, en s'autorisant enfin à penser les choses autrement. C'est Marguerite Duras qui, en 1969, dans une interview télévisée à l'ORTF, appelait de ses vœux cette *tabula rasa* introspective comme moyen d'inventer une nouvelle société de demain authentique, laquelle ne serait pas la redite de celle d'hier : « Je crois que si l'on ne fait pas ce pas intérieur, si l'homme ne change pas dans sa solitude, rien n'est possible. Je suis pour qu'on recommence tout. Le départ à zéro. Qu'il n'y ait plus aucune mémoire de ce qui a été vécu. C'est-à-dire de l'intolérable. Sur tous les fronts, sur tous les points. »

Sans le savoir, les enfants ont été les premiers à mettre en œuvre ce programme de révolution intérieure. Avec une ferveur innocente découlant de leur science inégalable du présent, ils ont rapidement réinventé nos façons de vivre en partant de (presque) zéro. En s'amusant et sans que personne ne les y invite, les miens ont créé une nouvelle monnaie, le *schling*, abondante pour tout le monde, car son unité de base est le caillou. Entre deux exercices de maths, quelques bagarres aussi, ils ont monté une structure de soins pour abeilles malades dans deux boîtes à chaussures reconverties en hôpitaux de fortune. Pour tenter de les réanimer, ils ont soufflé avec des pailles sur ces butineuses hagardes, tombées des fleurs dans un semi-coma. J'ai trouvé cela admirable, comme si, parce que tenus à distance des institutions adultes et des contraintes qu'elles imposent, les enfants revenaient d'eux-mêmes, instinctivement, vers les véritables priorités.

Effet similaire chez les adultes

Sensibilité aux animaux, aux pierres, aux végétaux. À notre environnement. Chez certains adultes, le confinement a eu un effet similaire, revivifiant en eux la biophilie réprimée du post-enfant. Ce temps suspendu leur a fait apparaître comme une évidence désirable tout ce à quoi notre société invite quotidiennement à renoncer : l'air pur, l'eau non souillée, le chant des oiseaux, la présence attentive aux siens...

V : « À VOS MASQUES, PRÊTS, PARTEZ ! »

Vivre en vrai une pandémie, c'est s'apercevoir au fil des jours qu'elle ne correspond pas forcément à l'idée que l'on s'en faisait, catalogue de clichés alimenté en grande partie par le cinéma. Alors qu'on s'imaginait un peu bêtement basculer dans un monde peuplé d'individus aux lèvres écumantes et de chiens errants occupés à éventrer les poubelles, bref une jungle où il faudrait se battre jusqu'à la mort pour la moindre boîte de conserve, on se retrouve en réalité à faire des apéros sur WhatsApp et à binger des séries sur Netflix (*Au Royaume des fauves*, c'est ça).

De cet écart entre l'imaginaire spectaculaire de la catastrophe et la réalité quotidienne de nos vies confinées découle un permanent hiatus opposant ce qui devrait normalement se passer (en conformité aux scénarios hollywoodiens) et ce qui se passe réellement (au rayon charcuterie du Monoprix).

Brouillard temporel

En résumé : notre quotidien au temps du coronavirus ressemble moins à *Contagion,* de Steven Soderbergh (2011), qu'à un remake en jogging d'*Un jour sans fin*, le film d'Harol Ramis (1993), dans lequel Bill Murray revit sans cesse la même journée (« Debout les campeurs ! »).

Pour agrémenter cette boucle interminable où les positions du lotus devant la télé font sempiternellement place aux applaudissements aux balcons, puis aux sorties pour aller faire faire pipi au chien, puis aux positions du lotus, puis aux applaudissements aux balcons, on peut même regarder en boucle *Contagion*, histoire de se persuader qu'on est bien en train de vivre une pandémie, et non pas une sorte d'étrange phénomène aux allures de hoquet quantique. C'est à mon fils aîné que je dois d'être sorti – au moins un peu – de ce brouillard temporel où il devient si difficile de distinguer hier d'aujourd'hui et aujourd'hui de demain.

Après être tombé sur la vieille machine à coudre Singer de ma grand-mère, mon fils a demandé à ma compagne, qui maîtrise bien ce genre d'instrument, de lui expliquer comment cela fonctionnait. À l'issue d'une journée de formation où lui furent révélés les secrets ancestraux de la couture, il s'est lancé dans la confection de masques en utilisant un tissu trouvé dans un placard. Appuyer sur la pédale d'accélérateur de la vieille Singer semblait lui procurer une joie profonde.

Quelques heures plus tard, il vint me tapoter sur l'épaule : « Tiens papa, c'est ton masque ! » Il était super content de pouvoir m'offrir quelque chose fait de ses mains, et qui avait vocation à me protéger. Il me détailla alors les différentes étapes qui, du patron récupéré sur Internet à la suture finale des élastiques, avaient permis d'en arriver là.

Il m'expliqua également son projet (on peut presque à ce stade parler de business plan) consistant à offrir une partie de sa production aux soignants, et à mettre en vente les masques restants dans la boutique d'un retoucheur de notre quartier, à Paris, avec qui il partagerait les gains. Si Emmanuel Macron cherchait des signes de l'avancée de son projet de start-up nation, celui-ci ferait parfaitement l'affaire.

Les masques chirurgicaux étant introuvables dans la petite bourgade où nous avons atterri, ce rectangle de tissu protecteur a eu sur moi plusieurs effets. Le premier est que je me suis senti moins vulnérable lors de ma sortie hebdomadaire chez Auchan. Je me suis même attardé au rayon fruits et légumes là où, d'habitude, j'enfournais à la hâte un sachet de kiwis trop durs dans mon chariot avant de filer comme un voleur. L'autre effet induit a été un bouleversement de la temporalité répétitive dans laquelle je m'étais englué. Un peu comme si mon fils m'avait envoyé un message subliminal – « À vos masques, prêts, partez ! » –, son travail de couture m'a arraché d'un coup à mon interminable jour sans fin. Et m'a fait toucher du doigt une réalité que je n'arrivais pas véritablement à appréhender : l'imminence du déconfinement.

Les idées contradictoires se bousculent

Cette soudaine évidence s'est trouvée assortie d'un questionnement tout aussi soudain : dois-je vraiment renvoyer mes enfants à l'école ? Là, dans la tête du papa que décore désormais un magnifique bout de tissu vichy blanc et écru, les idées contradictoires se bousculent. « Il faut bien reprendre une vie sociale, on ne peut pas rester enfermer ainsi *ad vitam aeternam* », me dis-je (oui, je parle souvent latin en mon for intérieur). « Mais si l'un de mes fils attrape le virus à la cantine et qu'il lui arrive quelque chose de grave, je m'en voudrais toute ma vie », rétorqua alors une autre partie de mon cerveau, plus prudente.

« Néanmoins, il serait grand temps qu'ils retrouvent un cadre d'apprentissage structuré, car ils frisent le décrochage scolaire », renchérit ma voix intérieure pro-déconfinement, celle qui n'en peut plus de travailler au noir pour l'Éducation nationale. « Certes, mais est-ce qu'un mois d'école vécu dans ce climat à hauts risques suffira à remettre sur de bons rails ces unités apprenantes en voie de déconnexion pédagogique ? ! », objecta alors mon moi prophylactique.

Sans réponse à toutes ces questions, je ne suis finalement sûr que d'une chose : depuis que mon fils aîné m'a offert ce masque, m'arrachant à mon hibernation de marmotte en quarantaine, la pandémie s'est mise dans mon esprit à ressembler de plus en plus à *Contagion* et de moins en moins à *Un jour sans fin.*

VI : ET SOUDAIN, LA DÉCONFITURE ÉDUCATIVE

À l'heure où le déconfinement se profile, on peut se demander ce qu'il va rester de tout cela. Si j'en crois le taux de décibels actuel – « Mais arrêtez de gaspiller le coton, arrêteeeeeeeeeeez bon sang ! », hurle ma compagne, à l'endroit des deux hydrophiles retranchés dans la salle de bains –, je serais tenté de répondre : quelques traumatismes au niveau des tympans. Après huit semaines de « quarantaine », notre cellule familiale est une structure au bord de la crise de nerfs, entité à fleur de peau qui oscille entre les moments d'asthénie, les bonheurs passagers et les pétages de plombs de plus en plus fréquents.

D'après un sondage Ifop, 41 % des Français affirmaient, en avril déjà, vivre plus qu'auparavant des périodes intenses de stress en raison de cette vie autarcique. Mais, à force de procéder de motifs anodins, cette hystérie latente a presque un côté burlesque. Si le début du confinement était empreint d'une gravité martiale insufflée par le président de la République – « Nous sommes en guerre » –, la fin de cette période d'enfermement obligatoire, avec ses allures de débâcle domestique, fait plutôt penser au film *Mais où est donc passée la 7e compagnie ?*, de Robert Lamoureux (1973).

Naufragée dans la maison de feu mes grands-parents, notre troupe un peu paumée a vu gagner au fil des jours l'indiscipline ; mes fils déambulent désormais en slip, comme s'il s'agissait du nouvel uniforme réglementaire. On essaie bien de faire en sorte qu'ils se rhabillent, mais à peine pensons-nous avoir regagné quelques pouces de terrain sur le front du maintien de l'ordre, qu'un autre dossier se met soudain à dérailler, puis un autre, puis encore un autre. Vite, vite, il faut gérer un début d'éborgnement, une orgie de chocolat, une périlleuse tentative d'éventration d'une boîte à chaussures avec un objet extrêmement contondant… Il y a à peine cinq minutes de cela, mon plus jeune fils s'est à moitié assommé en se laissant tomber sur la tête une pièce de bois avec laquelle il s'essayait à l'haltérophilie. On a beau lui répéter que « ce n'est pas le moment d'aller encombrer les urgences de l'hôpital », rien n'y fait.

« Je trouve plus mon doudou »

À ces incessantes avanies s'ajoute un dysfonctionnement chronique : levers de plus en plus tardifs, consommation immodérée d'écrans, couchers bien souvent après 23 h 30 et de longues palabres avant que les feux ne s'éteignent enfin. À peine a-t-on eu le temps de pousser un « ouf ! » de soulagement, que lesdits feux se rallument : « Je trouve plus mon doudou… » Effet collatéral de la claustration, le virus nous a propulsés dans une dystopie où l'on ne peut presque plus se soustraire à l'emprise enfantine. Mais, par l'épuisement et la saturation cognitive qu'elle produit, cette extrême sollicitude est finalement accompagnée d'un effet inattendu : le lâcher-prise.

Ainsi, d'un strict point de vue éducatif, cette crise aura eu au moins une vertu : le crash du parent hélicoptère[51]. Envahissant tuteur qui ne cesse de rabâcher à sa progéniture comment (et dans quelle direction) elle doit pousser, le parent hélicoptère est une monade

---

51 Voir « Du papa poule au papa hélicoptère », p. 158.

flippée par tout un tas d'attendus, institutionnels, sociaux, de civilisation... Sans s'en rendre compte, il surdétermine son enfant parce qu'il est lui-même surdéterminé ; le bourre de films de Miyazaki en anglais, parce qu'il est si important d'être à la fois cultivé et bilingue ; le met au code informatique parce que la société de demain sera forcément numérique ; l'inscrit au tennis parce que c'est là, en bordure de court, que se fabrique une sociabilité informelle aboutissant à la constitution de puissants réseaux.

C'est tout ce projet (souvent non formulé, parfois presque inconscient, mais ô combien pesant) que le confinement a mis à mal. Sur les groupes familiaux WhatsApp qui témoignent de l'avancée de travaux des enfants, les champions de la compétition scolaire ont fini, eux aussi, par lâcher l'affaire et poster des vidéos de gâteau au yaourt et de rumba devant la télé. Dans un beau texte publié le 4 mai 2020 par le site Diacritik, intitulé « Pas de trêves des déconfineurs », les philosophes Marie-José Mondzain et Dominique Quessada écrivaient[52] : « En réalité, comme des personnes en désintoxication, nous nous déconfinons chaque jour à la manière de prisonniers qui découvriraient ce que pourrait être une nouvelle définition – ou plutôt une nouvelle expérience – de la liberté. [...] Allégés en partie des rythmes imposés par la vie sociale coutumière, nous pouvons distribuer tout autrement les séquences consacrées à nos activités usuelles, celles des repas, celles des appels, celles des relations affectives, et, celles du travail. »

52 https://diacritik.com/2020/05/04/tribune-pas-de-treve-des-confineurs/

Ce matin, au lieu de faire ses devoirs, mon fils aîné coud pour son frère, sur la vieille Singer de ma grand-mère, un bandeau de pirate en tissu Vichy. « Maintenant, je vais faire les plans pour mon habit d'agent secret », me dit-il. Pourquoi lui interdirais-je ? Est-ce moins édifiant que de transformer des textes au singulier en textes au pluriel avec une interface d'apprentissage à distance ? On ne prétend pas ici dire que l'école est inutile, ni que cette pandémie n'est qu'une douce épiphanie, mais plutôt que le confinement aura apporté, au final, la relativisation d'un modèle qui paraissait absolu. Puis, vint l'heure du déconfinement. Une journée grise et sans relief, que nous n'avons même pas mis à profit pour sortir de notre cocon.

VII : LES GRANDS-PARENTS MODE D'EMPLOI

Durant le confinement, comme beaucoup d'autres baby-boomeurs, mes parents ont maintenu le contact avec leurs petits-enfants en mettant à profit le pouvoir de connectivité sociale des outils numériques. Sur FaceTime, « pépé » a fait des grimaces, de la curation de programme télévisé (« Ce soir, les enfants, y a *La Totale* !, de Claude Zidi ») et a continué à huiler les rouages de son fameux quiz monothématique à question tronquée (« Qui ? » Réponse : « Champollion ! »). Il a aussi inspiré les enfants en postant régulièrement sur WhatsApp des photos de ses beaux tableaux surréalistico-cubistes. Pendant ce temps-là, « mémé » tentait de faire réviser la table de 6 en répétant qu'il faudrait peut-être, un jour, « faire autre chose que des quiz sur Champollion ».

Tout cela a permis d'entretenir à distance le lien familial, malgré les cadrages parfois très approximatifs des échanges en visio, donnant lieu à des dialogues surréalistes entre touffes de cheveux hirsutes et cluster de poils de nez filmés en contre-plongée. Mais cette télé-présence à l'esthétique fortuitement proche du Dogme 95 de Lars von Triers et Thomas Vinterberg n'a pas empêché les questionnements relatifs à un futur plus charnel : sera-t-il possible de voir les grands-parents en vrai cet été ? De les toucher ? Les serrer dans les bras ? Leur passer le sel ? La main dans les cheveux ? Ou nos aïeuls ne seront-ils durablement réduits qu'à cette présence pixélisée, avec ses gels d'images intempestifs et ses bilans météo presque quotidiens (« c'est mitigé, aujourd'hui ») ?

Refiler la patate chaude

Pour beaucoup de parents, ces interrogations s'accompagnent d'un désir, un besoin aussi, de souffler. Après plus de deux mois de promiscuité passés à assumer tous les rôles, à être à la fois télétravailleur, instit, cuisinier, psy, animateur de centre de loisirs, bobologue, casque bleu, beaucoup rêvent de pouvoir confier leur progéniture aux grands-parents, comme on refilerait en douce une patate chaude. Mais aller voir pépé et mémé, c'est aussi courir le risque de les contaminer. Même si les enfants semblent peu vecteurs de l'épidémie, le coronavirus fait planer sur les contacts physiques une menace inédite, et tout le monde a en tête ce scénario catastrophe où il n'y aurait qu'un pas entre le bisou (mortel) des retrouvailles et les adieux (masqués) au cimetière.

Soyons réalistes : il est reconnu que l'âge avancé est un des principaux facteurs déterminants de la morbidité du Covid-19, et tout le monde n'est pas forcément aussi résistant et chanceux qu'Helga Gudmundsdottir, la grand-mère islandaise de 103 ans qui a survécu à la grippe espagnole, à la tuberculose et au Covid-19 (sans oublier deux guerres mondiales). Ou que la doyenne d'Espagne, Maria Braynas, 113 ans, arrière-grand-mère, elle aussi rescapée des attaques du coronavirus (et de la guerre civile).

Profiter des « choupinous d'amour »

À l'approche des vacances, face à ces risques aux conséquences impondérables, se trouvent alors mis en tension deux pôles sur fond de France bicolore : l'envie et la prophylaxie. Penchant tantôt d'un côté ou de l'autre, on peut voir se dessiner plusieurs profils de grands-parents qui, tous, ont de bonnes raisons de faire comme ils font (ils sont grands, non ?). Première catégorie, ceux que nous appellerons « les kamikazes de l'orangeade » : pour eux, le lien affectif est si fort avec leurs petits-enfants, et le sentiment de manque si criant, qu'ils en oublieraient presque la prudence la plus élémentaire. Après tout, se dit le kamikaze de l'orangeade, « il faut bien mourir de quelque chose, et ce n'est pas une pandémie qui va m'empêcher de cueillir des framboises avec ces petits bouts de chou ». Le virus, pour ce type de grands-parents, n'est pas vécu comme une menace, mais au contraire comme l'occasion inespérée de profiter plus longtemps de ces « choupinous d'amour ». Capable d'une expédition commando en zone rouge pour récupérer sa descendance, le kamikaze de l'orangeade a même proposé de leur faire cours durant tout le mois de juin, histoire de grappiller quelques semaines de rab.

Sauvés de la garde estivale d'une bruyante marmaille

Deuxième catégorie ayant émergé après le confinement : « les câlino-prudents ». Tiraillés entre leur désir d'écouler leur énorme stock de câlins inusités et les avis (qu'ils consultent régulièrement) du Conseil scientifique sur le Covid-19, ils « attendent de voir ». Au cas où les choses tournent mal, le câlino-prudent a lu tous les articles sur le professeur Raoult, histoire de savoir si la chloroquine pourrait éventuellement le tirer d'un mauvais pas. Et, parce qu'il est persuadé que des miasmes traversent la barrière du masque, a commencé à se renseigner sur l'apprentissage du morse oculaire, dans le but de pouvoir communiquer sans ouvrir la bouche. En douce, il a démarré une collection de bidons de gel hydro-alcoolique.

Que penser enfin de notre dernière catégorie, « les distanciés affectifs », qui remercient en secret le virus de les avoir débarrassés de cette charge mentale que constitue la garde estivale d'une bruyante marmaille potentiellement contaminée ? À vrai dire, rien ne permet de les blâmer. Dans une époque marquée par le développement de ce que les chercheurs nomment la « grand-parentalité intensive », où papy et mamie assument des fonctions éducatives parfois aussi chronophages qu'un job à plein temps, les distanciés affectifs, en bons pragmatiques, ont enfin trouvé une raison imparable de dire non à un nouvel été de servitude.

VIII : « JE PARS VIVRE DANS LA NATURE ! »

D'un point de vue éducatif, cette pandémie de Covid-19 aura eu plusieurs vertus : en premier lieu, elle nous aura permis de passer beaucoup de temps avec les enfants, donnant à voir à quel point ils sont habituellement délaissés. Vécu au départ comme une contrainte, le confinement aura été, pour nous, l'occasion d'envisager la cellule familiale sur des bases relationnelles plus investies et une rythmique apaisée. De la même manière que nous sommes devenus des figurants de nos vies familiales, nous n'habitons plus véritablement le monde, réduit à une simple ressource, un décor.

L'autre vertu de cette période aura donc été de pouvoir renouer un lien plus intime avec la nature. Bien sûr il s'agit là d'une expérience singulière, qui s'explique par le fait que, résidant dans la maison de mes regrettés grands-parents, nous avons eu accès à un petit bout de jardin durant la quarantaine. J'ai pu voir à quel point les enfants possédaient en eux une biophilie instinctive, cette tendance innée à se connecter aux végétaux et aux autres formes de vie. Du point de vue parental, le constat est simple : avec ses lombrics, sa terre malléable et ses ressources comestibles, la nature possède une force attractive unique qui permet de rivaliser avec les écrans.

Espèces indigènes

En ville, cette attraction est annihilée par tout un tas de facteurs, la nature y étant le plus souvent résiduelle, contingentée, lorsqu'elle n'est pas tout simplement bitumée. Les virées au parc, ce coin de verdure substitutif, ne permettent pas vraiment d'investissement affectif durable avec les espèces qui peuplent ces lieux. Dans un parc, on entre, on se balade, et on ressort (même si, parfois, on jette un peu de pain au canard après un arrêt au stand de gaufres). Le parc est une nature que l'on consomme sur le mode de la distanciation paysagère.

Un jardin, c'est différent, si j'en crois le dialogue que mes deux fils ont entrepris avec les espèces indigènes qui s'y trouvent. Chaque matin, un des premiers rituels consiste à aller voir les poules du voisin, en une sorte de visite de courtoisie. Mais le rapport au vivant n'est pas que contemplatif, il est aussi actif. Après avoir tenté de réanimer des abeilles malades, mes enfants ont créé un petit cimetière, où chaque butineuse décédée a eu droit à sa tombe. Ce qui semblait vouloir dire : pourquoi ces ouvrières qui pollinisent chaque année fleurs et arbres fruitiers n'auraient-elles pas droit, elles aussi, à certains égards ?

Une petite révélation

Même montée en gamme en ce qui concerne le traitement des lézards. Sans doute pour se faire pardonner les arrachages de queue fortuits lors des tentatives de capture, ils se sont vus offrir une petite villa de cailloux et d'herbe (on aurait presque cru à un loft de la téléréalité). Les cailloux, justement, ce truc à côté duquel on passe généralement sans un regard quand on est grand, les enfants ne cessent d'en ramasser, y traquant la beauté cristallisée et nous invitant à réveiller notre sensibilité géologique enfouie. Quant à la terre, lorsqu'elle est humide, qu'y a-t-il de plus exaltant que de passer des heures à y fouir (patouiller, en jargon de spécialiste) ?

Bien qu'il ne soit pas dénué de risques, ce caractère hospitalier de la nature s'est peu à peu imposé comme une évidence dans l'esprit des enfants. Avec l'arrivée du printemps, ils ont constaté qu'il était possible de récolter des fruits (framboises, groseilles) et légumes (blettes, oseille) directement comestibles, car non souillés par les pesticides et ne nécessitant aucun circuit logistique complexe pour aller de la terre à l'assiette. Cela a fonctionné comme une petite révélation pour mon plus jeune fils, qui a décidé d'établir sa « base » dans le jardin, havre imaginaire au pied d'un arbre. Lorsque, à table, nous lui faisons une remarque qu'il juge désagréable, il prend son assiette et tourne les talons de manière théâtrale en lançant : « Je pars vivre dans la nature. »

Réensauvagement

Même si tout ça a une dimension comique, il est en même temps rassurant de constater que la nature lui apparaît, d'instinct, comme un lieu habitable, un refuge en cas de problème. Ce dialogue avec l'environnement s'est poursuivi à l'occasion du déconfinement où nous avons profité des beaux jours pour aller nous baigner dans des rivières, comme si nos existences avaient soudain pris un virage à la Tom Sawyer.

Sans sombrer dans un rousseauisme trop radical où la ville et ses artifices seraient assimilés à quelque chose de corrupteur, on ne peut que constater l'effet à la fois apaisant et vivifiant de l'écosystème sur de jeunes cerveaux. « Plus de temps dans la nature, combiné avec moins de télévision et des environnements de jeu et d'éducation plus stimulants, ouvre la voie vers la réduction des déficits d'attention chez les enfants et, ce qui est tout aussi important, l'augmentation de leur joie de vivre », écrit Richard Louv, auteur du best-seller *Une enfance en liberté*[53]. Confinement et déconfinement ont donc rimé, pour nous, avec (oui, je sais, on peut aussi voir ça comme un vrai truc de bobos) réensauvagement.

53 Richard Louv, *Une enfance en liberté. Protégeons nos enfants du syndrome du manque de nature*, Paris, Leduc, 2020.

IX : MES COWORKERS EN CULOTTES COURTES

Très concrètement, la situation que je vis avec mes enfants depuis le début de la pandémie est celle d'un coworking plus ou moins consenti. Comme nous avons choisi de poursuivre l'école à distance, nous partageons un espace commun où chacun mène (ou tente de mener) de front ses propres activités, un peu comme si nous étions une tribu de graphistes free-lance nous partageant les mètres carrés d'un Starbucks. Mais force est de constater que l'enfant n'est pas un collègue tout à fait comme les autres. Parfois, il se rapproche du standard de l'autoentrepreneur affairé, parfois il s'en éloigne totalement, et c'est cet écart fluctuant avec la norme du coworking qui fait tout le charme de cette expérience.

Jongler avec pléthore d'impératifs

Premier constat : partager votre lieu de travail avec des enfants ne vous rend pas forcément inefficace, même si cela vous conduit bien souvent à vous abîmer les cordes vocales à force de hurlements intempestifs (« JE BOSSE, LÀ, C'EST COMPRIS ! ALORS METTEZ-LA EN VEILLEUSE !!!! »). Selon une étude du Cabinet Valoir réalisée récemment auprès de 325 travailleurs d'Amérique du Nord, la baisse de productivité serait de seulement 2 % chez les parents qui télétravaillent, là où elle atteindrait les 3 % pour les salariés sans enfant. Étonnant quand, dans cette même étude, on apprend que les enfants seraient la deuxième cause de distraction des salariés (juste derrière les réseaux sociaux), et que leur présence serait corrélée à une augmentation des troubles dépressifs chez les télétravailleurs, cette fois-ci d'après une étude OpinionWay pour le cabinet de conseil Empreinte Humaine[54].

Bref, même déprimé et perturbé, le parent réussirait, tout en jonglant avec pléthore d'autres impératifs, à maintenir à flot – on ne sait trop comment – son efficacité. N'est-ce pas cela, finalement, la parentalité ? Une expérience où sont poussées jusqu'au maximum les limites de l'insubmersibilité. Pourtant, avec ses mœurs atypiques, votre coworker en culottes courtes ne vous ménage pas. Personnellement, dès que j'ai le dos tourné, l'un ou l'autre de mes fils en profite pour me piquer mon ordinateur afin de mener à bien ses propres travaux. Parti un peu naïvement me servir un café, je constate à mon retour que mon MacBook vient d'être annexé pour une heure de grammaire par Skype, sans que l'on m'ait demandé mon avis.

Rester focus

Mais comment râler auprès de mon coworker puisque ce dernier est également mon enfant, et qu'une part de moi-même se réjouit de le voir s'investir dans le travail de classe ? J'abandonne alors, l'œil humide, mon si cher laptop. Lorsqu'il n'est pas occupé à braquer mon matériel, mon coworker vient régulièrement m'interrompre. Généralement, quand on entre dans la

---

54 https://empreintehumaine.com/wp-content/uploads/2020/04/SONDAGE-OPINIONWAY-POUR-EMPREINET-HUMAINE-de%CC%81tresse-psychologique-des-salarie%CC%81s-franc%CC%A7ais-lurgence-dagir-Communique%CC%81-de-Presse-20-avril-2020-1.pdf

sphère d'intimité d'un collègue, on le fait à pas feutrés, en s'excusant platement de le déranger. Là, c'est comme si des portes battantes de saloon s'ouvraient en permanence, sans prévenir, sur le petit espace de calme que je tente de me ménager intérieurement pour réussir à poursuivre mon labeur.

« Papa, les Mousquetaires, c'est une histoire vraie ou c'est inventé ? », me demande soudain l'un des free-lances de l'école primaire. « Euh, ben je ne sais pas trop... », dis-je, en tentant de rester focus sur mon ouvrage. Puis, pour me débarrasser de ce stimulus parasite, je finis par aller chercher la réponse sur Internet, en espérant que mon coworker me laissera tranquille. « Regarde papa, j'ai écrit plein de mots en attaché », me dit l'autre free-lance. « Mouais, c'est super... », dois-je alors grommeler, pour ne pas perdre le fil de ce que j'étais en train de faire. Cet incessant bombardement cognitif complexifie ce que les spécialistes appellent le « *deep work* », soit ce travail de qualité nécessitant la focalisation exclusive sur une tâche précise.

Comme s'il surgissait d'un tableau Excel machiavélique où les tours de paroles perturbateurs auraient été minutieusement planifiés, l'aîné revient à la charge : « Papa, le chien chinois, il est moche. Je préfère le cocker, c'est le champion de la bêtise ! » Mmmm... Une alarme se déclenche soudain en mon for intérieur et je dois aller vérifier dans le magazine que mon fils tient à la main ce qui a pu déclencher de tels propos, et voir si ceux-ci ne traduisent pas un sentiment anti-asiatique problématique. Vérification faite, « le chien chinois à crête », qui semble avoir été passé à la crème dépilatoire, peut effectivement être qualifié de « moche », considération esthétique qui ne semble s'accompagner d'aucune sinophobie. Ouf.

Un hédonisme décomplexé

Non content de me déranger en permanence, mon coworker se permet des jugements à l'emporte-pièce sur ma façon de gérer ma vie professionnelle – laquelle, soit dit en passant, lui permet de ne pas souffrir de la faim au moment du goûter : « Tu travailles trop ! C'est quand qu'on va se baigner ? » Soulignant mon penchant workaholic, mon coworker ne cesse de me balancer à la face son hédonisme décomplexé, en me répétant plusieurs fois par jour qu'il est « en récré ». Mais, même s'il est capable de débouler en hurlant alors que je suis en train de faire une réunion de la plus haute importance en visio, je n'arrive pas à en vouloir à ce mini-collègue imprévisible. Toujours partant pour les « after-work » où il s'enfile des hectolitres de pintes de grenadine, le coworker en culottes courtes est ce petit vent frais relativiste qui manquait finalement à ma vie professionnelle.

X : LA POLITIQUE DU « SI »

Après huit semaines de confinement, puis une période de retour progressif à une vie que l'on peut difficilement qualifier de normale, le parent semble arrivé en panne sèche aux confins de l'éducation positive, là où une grande partie de ses principes finissent par se dissoudre dans le marais de cet étrange espace-temps pandémique. Un de mes fameux principes consistait jusqu'alors à essayer de ne jamais m'adresser à mes enfants en faisant des phrases qui commencent par « si », comme : « Si tu n'arrêtes pas d'embêter ton frère, tu seras privé d'iPad ! » À vrai dire, je n'arrivais pas vraiment à m'y tenir, mais au moins avais-je à l'esprit la nocivité qu'impliquait son non-respect.

Aujourd'hui, les choses ont bien changé : sans une once de culpabilité, je suis capable de proférer des menaces telles que : « Si tu ne débarrasses pas la table, tu n'auras pas le droit de regarder *Les Bronzés font du ski* ! » En quelques semaines à peine, le terme « si » est devenu une des pièces maîtresses de mon arsenal éducatif, un levier cognitif dont l'efficacité résiderait en cette fusion inédite de la carotte et du bâton. Ce discours structuré autour de l'idée de condition, avec un impliquant (faire ses devoirs) et un impliqué (obtenir des Chamallows), est, bien entendu, absolument lamentable. J'ai bien conscience à ce stade d'avoir atteint une limite où la liberté initialement allouée à ma progéniture s'est transmuée en naufrage structurel. Mais, curieusement, cela ne suffit pas à me faire changer de cap.

Western domestique

L'une des raisons de cette situation est liée au contexte historique : sous l'effet de l'épidémie de Covid-19, nous sommes imperceptiblement passés de la vie éducative à la survie éducative, nouveau cadre dans lequel le parent doit continuer à conduire ses missions auprès de ses enfants et de son employeur, tout en tentant de maintenir à flot son propre psychisme. Les zones tampons que sont l'école et les activités périscolaires ayant été gommées de l'équation, ces obligations débouchent sur un étrange face-à-face aux allures de western domestique. Qui connaît le pouvoir d'usure des enfants et leur capacité à s'engouffrer dans la moindre faille émotionnelle comprend que le parent n'est pas le mieux armé pour sortir vainqueur de cette confrontation.

C'est donc en partie parce qu'il sent que les choses lui échappent que l'adulte s'en remet à un mode d'éducation quasi pavlovien. L'usage du « si » se justifie ici par une prétendue efficacité à court terme, où la motivation extrinsèque aurait pour vertu de rendre plus facilement atteignables les objectifs visés (le calme, l'effectuation des devoirs, l'engloutissement de l'assiette d'épinards). Cette politique du « si » a parfois même sombré vers des abîmes que je n'aurais sans doute pas imaginés accessibles avant le confinement. « Si tu continues, je te renvoie dans ta classe ! », me suis-je surpris à dire à plusieurs reprises à l'un ou l'autre de mes fils, laissant ainsi à penser que l'école, qui a repris sur la base du volontariat, était une punition.

Monnayer le temps d'écran

Intérieurement, je tentais d'avaliser la bassesse de ces méthodes par la hauteur de mes exaspérations (si vous saviez, ils n'écoutent rien). Mais ce type de justification vous conduit vite sur une pente fort glissante, dont le prolongement extrême est la maltraitance physique – qui a d'ailleurs explosé durant le confinement, avec + 30 % de signalements au 119, le Service national d'accueil téléphonique pour l'enfance en danger. Cette maltraitance confinée s'est prolongée par une maltraitance déconfinée : en me baladant un dimanche dans les rues d'une petite ville de province, j'ai été choqué par le nombre de parents distribuant de violentes claques à leurs enfants en public, comme si la quarantaine avait fait sauter tous les verrous.

Même si je n'en suis heureusement pas là, ma politique du « si » vise, elle aussi, à obtenir un comportement souhaité, non pas cette fois par la violence, mais par l'incitation, le temps d'écran étant devenu la monnaie d'échange de ce behaviorisme de bas étage. Habituer ce jeune public à un produit addictif (l'image), puis l'en priver au besoin, pour lui faire faire ce que l'on veut : qu'est-ce qui différencie de telles méthodes de celles du dealer de quartier offrant des doses pour s'acheter la fidélité du consommateur, ou bien d'une société profondément inégalitaire dégainant le mythe des « héros du quotidien » et les applaudissements aux balcons pour envoyer au charbon la frange la moins bien payée de ses concitoyens ?

Une fois qu'on en est arrivé là, on n'élève plus, on conditionne. Je ne sais pas si c'est forcément lié à ce climat éducatif un brin délétère, mais mon fils aîné, qui dessine en ce moment beaucoup de plans de machines incroyables (sans doute l'influence du personnage de Géo Trouvetou dans *Picsou*), est venu me montrer sa nouvelle invention : Le Neuroni. Labellisé « anti-parent », ce gadget voit son objet ainsi défini dans un petit cartouche, occupant le coin droit d'une feuille A4 : « En fait, ça envoie de l'électricité dans les neurones pour que la personne fasse la chose. » Fonctionnant à l'énergie solaire et encore à l'état de prototype, ce dispositif de manipulation mentale ressemble à une tablette numérique surmontée d'une antenne râteau et, une fois construit, pourrait s'avérer encore plus efficace que la politique du « si ».

XI : « REMETS-NOUS *LES GARDIENS DE LA GALAXIE* ! »

Il existe indéniablement une cinéphilie familiale. Soyons clairs, sans enfant, il y a peu de chances que vous vous soyez envoyé l'intégrale des films de Hayao Miyazaki, même si l'auteur du *Voyage de Chihiro* est un maître incontesté de l'animation japonaise. Sans enfant, vous n'auriez sans doute jamais su qui était Gru, le personnage au nez pointu de *Moi, moche et méchant*, ni partagé les aventures des *Indestructibles*, cette famille de super-héros en justaucorps rouge dont le principal ennemi est le spectre d'une vie salariale banale dans le milieu des assurances.

Sans enfant, vous n'auriez jamais participé à d'âpres débats critiques pour savoir qui, des *Minions* ou des *Lapins Crétins*, trônait au firmament du grand n'importe quoi. Sans enfant, je ne me serais jamais dit, non plus, que mon plus jeune fils partageait certains traits communs avec le bébé de *Baby Boss*, mentor en culottes courtes et costume cravate qui n'a pas son pareil pour subjuguer son monde.

On pourrait énumérer encore longtemps les exemples de ces longs-métrages dévorés en famille, éclairant à leur manière nos tranches de vie sous l'orbe des écrans. Cet appétit pour les visionnages conjoints peut s'expliquer de plusieurs manières. Pour beaucoup de parents, dans un monde d'images, il est devenu très important de créer un socle cinéphile à sa progéniture : demain, forte de ce capital, elle pourrait aller grossir les rangs des réalisateurs d'une Nouvelle Nouvelle Vague ou épaissir les bataillons de l'industrie du jeu vidéo. Chacun tente alors de faire germer précocement chez ses enfants cette passion scopique, en ajoutant aux productions précitées quelques engrais vintage, comme *Le Kid* de Chaplin, *Les Demoiselles de Rochefort* (Demi) ou *Les Vacances de monsieur Hulot* (Tati).

Un astronaute un peu mégalo

L'autre raison d'être de cette cinéphilie familiale est que les longs-métrages d'animation sont aujourd'hui pensés pour être consommés à plusieurs niveaux, Pixar étant sans doute l'entreprise qui maîtrise le mieux les secrets complexes de cette double lecture.

Quand on regarde par exemple *Toy Story*, l'enfant peut y voir manifestée une sorte d'animisme des objets qui vient corroborer sa propre vision du monde. Quant à l'adulte, face à cet astronaute un peu mégalo qui ambitionne d'aller « vers l'infini, et au-delà » (non, pas Elon Musk, Buzz l'éclair), il ne peut qu'éprouver une nostalgie amusée, complice, pour le merveilleux cosmique de l'enfance, territoire enchanté où d'un rien naît l'épopée.

À l'occasion du confinement, cette cinéphilie familiale a pris un tour particulier. Avec une force inédite, les images sont venues se fondre aux événements, et y produire leurs précipités mentaux. Alors que la perspective de la quarantaine s'était soudain affermie et que nous avions décidé de partir ailleurs, *Les Gardiens de la galaxie*, vu la veille de notre exode, s'était mis à profondément résonner dans nos esprits. Sur la route, grâce à mon iPod, la bande originale seventies de ce *space opera* où des créatures mutantes survivent aux pires batailles a fonctionné comme un véritable antidote à l'angoisse suscitée par la menace virale. Si eux s'en sortent, pourquoi pas nous ? « Remets-nous *Les Gardiens de la galaxie*, papa, s'il te plaît ! », ont répété mes enfants, comme si ce mélange de sons et de réminiscence d'images avait le pouvoir de nous projeter dans un espace-temps sécurisant (à vrai dire, je ne souviens plus très bien s'ils ont dit « s'il te plaît »).

Des films ponts, des films aqueducs

Les jours qui suivirent furent marqués par une radicalisation de cette cinéphilie déviante, influencée par les effets collatéraux de la pandémie sur les grilles de programmes. La diffusion massive de films de patrimoine a permis à mes enfants de découvrir avec bonheur *Mais où est donc passée la septième compagnie ?* et ses suites, *Papy fait de la résistance*, *Les Bronzés*, *Inspecteur la Bavure*, *Twist again à Moscou*...

Avec *Le Corniaud*, *L'Aile ou la cuisse* ou *La Grande Vadrouille*, Louis de Funès est devenu une des figures emblématiques de cette période trouble, à tel point qu'une fois déconfinés, nous avons même fait une virée hommage dans le village de Domme, en Périgord, où fut tourné *Le Tatoué,* avec Jean Gabin.

Au-delà de leurs qualités propres, ces films ont d'autant plus de valeurs qu'on les regarde ensemble, en famille, et que l'on se souvient dans le même temps les avoir vus, enfant, avec nos aïeuls. Ce sont des films-ponts, des films-aqueducs, qui font le lien entre les générations, réactivent le souvenir des rires de nos chers disparus. Mais le septième art n'est pas qu'un instrument de continuité, il est aussi un marqueur de ruptures.

Dans un très beau passage de son pamphlet autobiographique *White*[55], l'écrivain américain Brett Easton Ellis raconte comment les films, et le rapport que l'on entretient avec eux, fonctionnent à la fois comme des rites de passage et des étalons de la croissance (l'équivalent des traits que l'on fait au crayon sur les montants de portes). « Les films d'horreur n'allaient plus m'affecter de manière primitive », écrit-il, en parlant de ce moment où, face à des images gores qui ne le faisaient plus tressaillir, il s'est soudain senti adulte. De la même manière, pour mon fils aîné, c'est d'avoir vu pour la première fois l'œil rouge de Terminator qui aura marqué le basculement dans le monde d'après.

55 Brett Easton Wellis, *White*, Paris, Robert Laffont, 2019.

XII : L'ADULTE AU PIQUET

En rangeant un placard, je suis tombé récemment sur la fameuse attestation de sortie dont chaque citoyen devait se munir pour aller acheter le pain ou promener le chien. Souvenez-vous : avant que ladite attestation ne puisse être générée automatiquement, il a fallu copier et recopier un nombre incalculable de fois les sempiternelles mêmes phrases. À tel point que j'ai, à plusieurs reprises, abandonné l'idée de sortir, juste pour pouvoir échapper à cette punition calligraphique. Au fond de moi, je n'avais plus véritablement le sentiment d'être un adulte en temps de pandémie, mais plutôt l'élève Ducobu avec son bonnet d'âne sur la tête, ayant à expier une faute dont je ne me savais pas être l'auteur.

« Tel un enfant apeuré par le grondement de l'orage, chacun attend de connaître le sort que le pouvoir lui réserve. Car les hôpitaux, c'est lui ; les masques, les tests, c'est lui ; les virements qui permettront de tenir quelques jours de plus, c'est lui ; le droit ou non de sortir – qui ? comment ? quand ? avec qui ? –, c'est encore et toujours lui », a écrit Serge Halimi[56]. Si cette verticalité paternaliste est plus ou moins palpable en fonction des périodes et des circonstances, elle s'est soudain trouvée réaffirmée de manière absolue avec le confinement. Ceux qui l'avaient oublié ont pu se souvenir que le président de la République figure chez

---

56 Serge Halimi, « Tous des enfants », *Le Monde diplomatique*, mai 2020, https://www.monde-diplomatique.fr/2020/05/HALIMI/61785.

nous une sorte de « père de la nation » entretenant un rapport structurellement condescendant avec son peuple-enfant.

« Première prune covidienne »

À partir de là, le confinement aura donc rimé avec un écartèlement statutaire inédit : passant des journées entières avec mes deux fils, je ne me suis jamais senti autant « parent » ; mais, dans le même temps, je me suis soudain retrouvé remis à une place d'enfant par cet assommant surmoi étatico-paternaliste. J'étais donc devenu un enfant-adulte, un « enfulte ». Durant la quarantaine, ce sentiment d'infantilisation s'est notamment affermi avec les amendes qui ont été infligées – au nombre de 1,1 million pour 20,7 millions de contrôles – à un public qui n'avait pas pour habitude d'être verbalisé au moindre prétexte. Comme si le coup de règle sur les doigts faisait un soudain retour.

Dans un e-mail, un ami parisien à moi livrait ainsi le récit de sa « première prune covidienne », cueillie au mois de mars : « Sortie sport avec les deux enfants. Moi en short, les enfants en survêt, nous partons faire le tour du bassin de La Villette pendant vingt minutes. Au retour, nous passons prendre des bières et une baguette à la boulangerie. Une voiture de police s'arrête et me demande ce que nous faisons, je dis : "Nous finissons notre footing, prenons du pain et rentrons." Une évidence... Sur ce, les quatre policiers sortent, demandent l'attestation. Je la leur donne avec mon passeport. L'autre policier me dit que toute sortie à plus de deux est interdite, et que l'on ne discute pas. Je lui demande poliment : "Comment fait-on avec deux enfants ? Pouvez-vous m'expliquer ? Et pourquoi ne voulez-vous pas croire que je fais du sport, alors que je suis en short et que vos autres collègues nous ont vus ?" À la fin, il me demande si je reconnais l'infraction, je lui dis que bien sûr que non. Un de mes gamins chiale. »

À partir de là, on peut bien entendu réfléchir aux pouvoirs exorbitants du « père de la nation » et de ses exécutants durant la période écoulée. Mais cette situation est aussi l'occasion de méditer plus généralement sur la relativité de la condition d'adulte chargé de famille. À la lumière de ce type d'événement, on s'aperçoit qu'il ne s'agit pas là d'une identité absolue, monolithique, immuable, mais d'un simple état qui se combine à d'autres. En l'occurrence, dans l'exemple précité, mon ami n'était plus considéré comme une personne majeure dont la parole serait digne de foi, mais comme un garnement qui tenterait de contourner l'autorité.

Soumission absolue

Cette relativité de notre condition est une réalité que l'on touche aussi du doigt lorsqu'on se retrouve en vacances chez ses propres parents. Quand ma mère dégaine sa tarte aux pommes et son fameux « mon grand », cela suffit parfois à me replonger dans une phase régressive où je suis à deux doigts d'articuler un « areuh ». L'enfant qui sommeille en l'adulte peut donc être convoqué pour le meilleur, comme pour le pire. Pour son amour océanique, sa créativité, sa souplesse de corps et d'esprit ; mais aussi pour cette soumission absolue à laquelle il a été habitué et qu'il porte en lui.

Tel un miroir, cette infantilisation vécue durant la pandémie doit donc nous conduire à réfléchir à ce pouvoir parfois presque sans limite que, nous aussi en tant qu'adultes, exerçons sur les plus jeunes. Lorsque l'on remet en question quasi systématiquement leur parole (« C'est ça, prends-moi pour une andouille ! »), ne sommes-nous pas en train de reproduire aveuglément un schéma où l'enfant ne serait finalement envisagé que comme un proto-adulte dont la socialisation s'articulerait autour d'un conditionnement à l'arbitraire ? Une sous-personne dont l'avis ne compte pas et qui doit impérativement se tenir comme ci, parce que c'est comme ça, et un point c'est tout ? Oui, à bien y réfléchir, peut-être que la démocratie familiale est elle aussi à revivifier.

XIII : LA CONJURATION DES PLAYMOBIL

Les semaines qui ont suivi le déconfinement ont été marquées par un come-back dont je me serais bien passé, celui des jouets en plastique. Quelques jours après le rétablissement du droit de circulation, nous nous sommes rendus dans une zone commerciale, avec un mélange d'entrain pavlovien et de répulsion viscérale. Pour résumer cet écartèlement, il y avait quelque chose de résolument illogique à adopter les mêmes comportements qu'avant dans « le monde d'après ». Là, nous avons néanmoins réussi à résister aux sollicitations des enfants qui voulaient absolument aller faire un tour au magasin de jouets. À vrai dire, c'est plutôt parce que ledit magasin avait déjà tiré son rideau lorsque nous nous sommes présentés devant la porte d'entrée que nous avons réussi à ne pas succomber à l'attrait venimeux de la chalandise à tout prix.

Mais une semaine plus tard, de retour dans cette même zone commerciale en quête d'une paire de baskets, nous n'avons cette fois-ci pas échappé à la virée dans la boutique en question. Là, mon fils aîné a dépensé une partie de ses économies (14 €) pour s'offrir une mitraillette Nerf, laquelle expédie des fléchettes en mousse avec une force non négligeable dans les corps adverses (pour m'en être pris une dans l'œil, je sais de quoi je parle). Chez mon fils, le désir pour cet objet simulacre a grandi, grandi, GRANDI durant le confinement, sous l'effet des vidéos mettant habilement en scène des combats homériques avec ce type de sulfateuses. Après cette emplette, il a immanquablement fallu acheter un pistolet de la même marque au petit, pour faire cesser les plaintes – c'est bien connu, lorsque les adultes n'ont aucune autorité, c'est toujours de la faute des enfants.

Tiraillement intérieur

Les grands, eux, ont souvent de « bonnes raisons » de faire ce qu'ils font. C'est par exemple parce que mon plus jeune fils était malade que je lui ai acheté, à peu près à la même période, une petite boîte de Playmobil. Même si c'était pour une « bonne raison » (enfin, c'est ce que je me plais à croire), ce type d'investissement produit toujours chez moi un tiraillement intérieur. D'un côté, je me dis que moi aussi j'étais content quand, enfant, je recevais un jouet, et que je ne me souciais guère de savoir s'il était fait de plomb toxique ou de PVC. Mais en même temps, face à ces figurines qui n'ont rien de biodégradable, je ne peux m'empêcher d'imaginer le 7e continent de plastique enfler sous l'effet de mes comportements irresponsables.

Pourquoi continuer, alors ? Si je n'ai pas encore trouvé de réponse valable, la question se pose avec encore plus d'acuité depuis le début de la pandémie. Car, à l'échelle de ma famille, cette période aura été une expérience grandeur nature permettant de démontrer la futilité, l'inutilité même de la consommation de masse, ou en tout cas d'une grosse partie de celle-ci. Une fois que l'on dispose de pâtes, de légumes, d'eau et de papier toilette (et de quelques bouteilles pour l'apéro, soyons honnête), beaucoup de ce qui remplit habituellement nos chariots fait figure de superflu. C'est notamment en observant les enfants que j'ai pu constater que le bonheur n'était pas dans l'achat.

Comme nous n'étions pas chez nous durant cette période, ils ne disposaient pas de jeux manufacturés, mais avaient accès à tout un tas de ressources inédites : vieux bois, fruits, légumes, débris en tous genres, outils tranchants un peu rouillés... Sans qu'on les y incite, ils se sont alors lancés dans le do-it-yourself. Mon plus jeune fils s'est par exemple constitué une grande armée avec des poires tombées de l'arbre, plantées sur des piques en bois. Armée sur laquelle s'est abattu une sorte de plâtre expérimental fabriqué je ne sais trop comment. Une autre de ses activités favorites a consisté à mettre des feuilles de Sopalin au congélateur, pour constater, ébahi, l'effet du froid sur cette matière souple devenue incroyablement rigide – au fil du temps, on oublie à quel point un frigo peut être distrayant.

Absence de stimulation prémâchée

Les couvercles de casserole ont bien entendu servi à faire des boucliers, les bouchons de liège des esquifs... Après avoir regardé un tuto sur YouTube, le grand, lui, s'est fabriqué une mini-arbalète avec une pince à linge en bois, arme de poche permettant de tirer des cure-dents (il faudra peut-être que je m'inquiète un jour de cette passion pour les armes). Puis il a fabriqué un bateau volant en carton, accroché à un ballon, aéronef qui ne s'envola jamais, mais ce n'est pas très grave. L'important est cette effervescence inédite de l'imaginaire, qui semblait avoir pour cause l'absence de stimulation prémâchée.

La créativité de mes deux fils s'est tant développée durant cette période qu'ils sont presque devenus des prétendants sérieux pour la victoire au concours Lépine. En plus de ses réalisations, l'aîné a mis au point une trentaine de prototypes d'engins du futur – grappin longue portée, combinaison d'agent secret, masque de plongée multifonction muni de dents de castor pour couper un tronc qui vous barrerait la route. Ces visions ne sont encore qu'à l'état de plans, mais Elon Musk n'a qu'à bien se tenir. Le plus étonnant dans tout cela, c'est que la petite console de jeux vidéo que j'avais emportée avec nous a fini par prendre la poussière dans le salon.

XIV : QUAND WHATSAPP NOUS HAPPE

Si je pouvais interviewer mon smartphone, celui-ci me confirmerait sans doute que le confinement s'est traduit, de son point de vue, par un seul phénomène véritablement notable : la « WhatsAppisation » du cercle familial. Même si elle peut servir à communiquer avec vos collègues et à organiser des apéros à distance, l'appli WhatsApp, propriété de Facebook, semble révéler son plein pouvoir connectique lorsqu'elle sert de scène au grand théâtre de la famille élargie. Écrire, se voir, s'envoyer des sons, des vidéos et des petits cœurs à tout moment du jour et de la nuit, c'est la nouvelle façon de se dire qu'on s'aime.

Sous l'effet de ces nouveaux moyens de communication, le petit coup de fil dominical à vos proches s'est donc trouvé remisé au placard, au profit d'une pyrotechnie affective de tous les instants. Certes, les enfants reçoivent toujours à échéances régulières, avec une grande joie, les lettres manuscrites de leur tatie chérie, truffées de dessins et de surprises, mais le grand rond-point où se tissent les liens familiaux en ces temps de pandémie est désormais numérique. Habituellement, 52 % des Français utilisent en famille cette messagerie instantanée, selon un sondage Ifop datant de 2018. Une dizaine de jours après le début du confinement, l'usage de WhatsApp avait bondi de 40 % (étude Kantar). Dans ma famille, plusieurs groupes ont été créés dès les prémices de la quarantaine, permettant notamment aux grands-parents de continuer à voir grandir leurs petits-enfants.

Ciment numérique

Parfois, ces groupes familiaux peuvent se révéler à géométrie variable et figurent une photographie directe de votre degré d'inclusion (ou d'exclusion) : « Ah bon, t'es pas dans le sous-groupe Make our family great again ? Ça doit être pour ça que t'as pas vu les photos de la soirée barbecue chez tatie Ginette ? ! » Lorsqu'ils restent œcuméniques, comme c'est le cas chez nous, ces groupes deviennent de puissants instruments de cohésion visant à renforcer en permanence un lien que la distance – imagine-t-on – aurait tendance à éroder. Et quoi de mieux que les photos d'enfants pour servir de ciment numérique ? Car ce n'est pas en lançant un débat sur l'hydroxychloroquine ou le déboulonnage de statues que vous allez obtenir l'assentiment général (réservez plutôt ce genre de considérations pour Twitter).

Avec un grand bonheur, j'ai donc pu assister à distance aux premiers pas du fils de ma cousine. Après ses déambulations inaugurales, ce petit gars intrépide était filmé en train d'escalader vaillamment une échelle, avant que ne soit postée, quelques jours plus tard, une photo où l'on voyait son visage couvert d'ecchymoses. Bref, presque un remake involontaire de l'émission américaine « Jackass ». Trop craquant dans sa marinière, ce petit bout de chou cascadeur est devenu la star de notre confinement, suscitant émerveillement, compassion et digressions d'éminents bobologues.

L'enfant : imagerie dominante

En ce qui concerne la publication d'images de mes propres enfants, j'ai opté pour une politique d'impact : même si je ne suis pas très assidu, de peur que WhatsApp ne me happe (le nombre de notifications quotidiennes est hallucinant), je poste de temps à autre des clichés qui font mouche. J'ai notamment remarqué que la présence d'eau (rivière, lac) était porteuse, car elle invite celui qui regarde à plonger dans une image rafraîchissante. Comme les bouilles repeintes au Nutella, les coiffures excentriques font aussi partie des thématiques qui fédèrent un large public.

Sur le WhatsApp familial, le seul qui n'utilise pas directement l'appli (l'enfant) en constitue le cœur obsessionnel. Car les photos d'adultes, elles, sont beaucoup plus rares. Poster des images de soi revêt, il est vrai, un côté narcissique... L'enfant figure donc le grand Autre du groupe familial, qui à la fois invite à la fusion (« oh, comme ils sont beaux ! », répète le chœur à l'unisson), tout en offrant la garantie structurelle de nous en préserver. Cette imagerie dominante se combine à un barnum de représentations hétéroclites. Au début du confinement, les clichés de bambins ont côtoyé beaucoup de mèmes humoristiques, permettant de dédramatiser la situation.

Chacun documentant ses sorties, est ensuite venu le temps des belles images, photos de montagne prises au petit matin, fleurs en gros plan, chapelle dans la brume... Sans que cela ne soit ouvertement formulé, cette iconographie apaisante a fonctionné comme un antidote à l'enfermement et aux discours anxiogènes de BFM-TV. Baignée de smileys, cette bulle familiale ne s'est jamais départie d'une bonne humeur collective, pareille à celle que l'on trouve dans les clubs de vacances. À quoi bon créer une redondance du groupe originel si c'est pour y insuffler des mauvaises vibrations ?

Le plus étonnant en cette période d'obsession monothématique, c'est que ce lieu de retrouvailles virtuelles fut presque totalement exempt de discussions sur le virus. Derrière une enceinte imaginaire protégeant des maux de la société, cet espace pourrait donc avoir une fonction secrètement thaumaturge. « Réensauvagement » oblige, des photos d'animaux sont d'ailleurs venues compléter ce qui pourrait presque s'apparenter à une arche de Noé numérique : chatte avec ses petits, troupeau de vaches, marmotte hurlant dans une estive… Le monde se voyait ici fantasmatiquement repeuplé, la biodiversité préservée. Mais le plus notable dans ce bestiaire fut une vipère, enroulée sur elle-même, à moitié dissimulée par la végétation. Le risque, presque absent du WhatsApp familial, y restait néanmoins tapi dans un recoin.

XV : LES PARADOXES DU « PAPA-PAPARAZZI »

Souvent, lorsque je tente de le photographier avec mon smartphone, mon plus jeune fils empêche la prise de vue en plaçant sa paume de main vers l'avant en un geste réflexe, exactement comme le ferait Justin Bieber harcelé par un paparazzi.

Cette posture défensive est assortie d'un refus sans équivoque, énoncé sur le ton du hurlement : « Nooon, pas de photo ! » Je fais alors mine d'obtempérer, mais je prends quand même un cliché en douce, en me disant que ce n'est finalement pas très grave. Un peu comme si j'avais entrepris de faire le bien de mon enfant (lui constituer un catalogue d'images qu'il pourra consulter pendant ses vieux jours) à l'insu de son plein gré.

Trahissant un rapport laxiste au consentement enfantin, cette fièvre documentaire qui s'empare du parent peut néanmoins se comprendre : elle procède d'un désir de figer dans l'instant un être cher, de l'encapsuler dans les pixels, comme si on voulait se raconter qu'il était possible d'arrêter la marche du temps.

À l'instar du paparazzi professionnel, le « papa-paparazzi » immortalise parfois, grâce à cette obsession scopique, des moments magnifiques, qui auraient sinon disparu à tout jamais dans le flux des secondes se succédant.

Une suffocante normativité

Sans l'obstination du photographe people américain Ron Galella à appuyer sur le déclencheur de ses deux Reflex, pas de Mick Jagger en train de faire un doigt à l'arrière d'une voiture, ni de Jackie Kennedy déambulant en baskets sur un trottoir de Madison Avenue, autant de témoignages de leur époque salués par Andy Warhol et aujourd'hui exposés dans les plus grands centres d'art.

De la même manière, sans le « papa-paparazzi » que je suis, pas de photos d'enfants perchés dans un arbre en pyjama durant la quarantaine ou participant, hilares, à la « fête de la mousse » dans la petite ruelle d'un village espagnol un an plus tôt.

Mais tout cela n'est pas sans poser problème. Souvent occupé à traquer en mode prédateur des femmes qui se dérobent à son regard, le paparazzi incarne, parfois jusqu'à la caricature, la quintessence du *« male gaze »*, ce regard masculin dominateur théorisé en 1975 par la critique de cinéma anglaise Laura Mulvey.

De même, on peut se demander si le « papa-paparazzi », occupé à capturer des babines saturées de Nutella et des éclats de rire dans des piscines à balles, ne serait pas le promoteur d'un *« parent gaze »* qui s'ignore. Pour complaire à ce regard parental renforcé par l'objectif de l'appareil photo, l'enfant se devrait alors d'être invariablement « mignon », d'afficher une posture de nature à satisfaire à la fois l'appétit complexe des réseaux sociaux et les attentes de son entourage.

Au travers du partage d'images, le *« parent gaze »* se structure et se renforce, devenant parfois cet œil en surplomb qui invite les sujets sur lesquels il se pose à une suffocante normativité comportementale.

Voilà peut-être pourquoi mon plus jeune fils multiplie les sourires forcés lorsque je tente de le prendre en photo. Si l'on suit notre piste, on pourrait se dire qu'il est alors en train de produire intuitivement un contre-discours visuel dont la fonction est de me renvoyer à la figure mon propre « *parent gaze* ». Mais doit-on tout lire en termes de domination, y compris dans l'univers jusqu'alors feutré de la photo de famille ? Porter un regard subjectif et plein d'attentes sur ses enfants, est-ce forcément du colonialisme visuel ?

La force du lien familial

Si je ne prétends pas apporter de réponse définitive à cet épineux débat, je pense que l'on peut néanmoins distinguer deux attitudes.

Le regard qui réduit l'enfant à un simple fétiche susceptible de produire des « like » sur les plates-formes de partage de contenus est, je pense, à proscrire. Il conduit à entraver la spontanéité des plus jeunes pour les emmener à produire des attitudes iconiques performantes, anticipant précocement la validation sociale et encourageant l'art de la posture (oui, cette petite moue boudeuse qui cartonne sur Insta). En revanche, il me semble que le confinement a permis de voir émerger une nouvelle esthétique.

Au travers des photos d'enfants, les gens ont eu envie de faire exister ce qui semblait alors menacé : les relations. C'est ce que traduit parfaitement le cliché emblématique de la quarantaine, posté par Dominique Bigelow sur Facebook. On y voit sa fille et sa grand-mère communiquer intensément par le regard au travers de la vitre d'une voiture, alors que le sommet du crâne de la vieille dame semble s'évaporer dans les nuages. Parfois donc, les relations s'inversent, et c'est l'enfant (devenu adulte) qui se met à paparazzer ses propres parents.

Durant la pandémie, le photographe Éric Baudet a rendu visite tous les deux jours à son père, accoudé au balcon de la résidence Les Jardins de Diane, à Bagnoles-de-l'Orne (Orne). Il y a aussi emmené ses filles, afin d'égayer la solitude de leur grand-père atteint de la maladie d'Alzheimer. Ayant rencontré beaucoup d'écho sur les réseaux sociaux, les images simples et touchantes tirées de ces instants de partage suspendus ont été réunies dans l'ouvrage *Au balcon avec papa*[57] (Les éditions du petit oiseau, 2020). Elles évoquent la force du lien familial par-delà les aléas de la vie, au travers d'un art – la photo – envisagé ici comme une distante mais chaleureuse caresse rétinienne.

57 Éric Baudet, *Au balcon avec papa*, Alençon, Les éditions du petit oiseau, 2020.

OUTRO.

C'ÉTAIT VRAIMENT UNE BONNE IDÉE DE PARTIR EN CAMPING-CAR, SEUL, AVEC LES ENFANTS ?

TOUT LE MONDE A SES CLAQUETTES-CHAUSSETTES ?
SIR YES SIR !
ALLEZ, EN VOITURE MESSIEURS !

Tous ceux à qui j'ai raconté mon projet m'ont fait à peu près la même réflexion : « Vraiment ? Tu as bien du courage de te lancer là-dedans ! »

Ce « là-dedans », ce n'est pas l'ascension de l'Everest en tongs, mais une virée de dix jours en camping-car sur les petites routes de France, road trip post-pandémique en compagnie de mes deux fils et de leur cousin, 12 ans au compteur, encore relié aux rives de l'enfance par une prémolaire qui ne tient plus qu'à un fil. Ce « là-dedans », c'est aussi une boîte surmontée du logo « Chausson », dans laquelle nous allons devoir dormir, manger, nous laver, et sans doute nous marcher sur les pieds.

Si ce projet suscite tellement de réserves autour de moi, c'est pour plusieurs raisons : d'abord, mon piètre sens de l'organisation est légendaire ; ensuite, le Covid-19 continue à planer comme un vautour sur les réjouissances estivales ; enfin, je n'ai jamais conduit de ma vie un mastodonte de 7,46 mètres de long.

Je suis donc pétri d'un certain nombre d'angoisses avant le départ, la pire d'entre elles étant d'écraser un enfant lors d'une marche arrière à l'aveugle. En me documentant, j'apprends que ce cube itinérant est non seulement un véhicule endémique (1,8 million de camping-cars circulent en Europe, dont 500 000 en France), mais également la porte d'entrée vers un monde animiste où souffle « l'Esprit Camping-Car ».

« La vie en camping-car, ce n'est pas juste une mode de bobos qui s'en détourneront au premier changement de caisse de W-C. C'est surtout une philosophie simple, basée sur la vie, sur les petits bonheurs de se poser dans un coin, admirer dame nature, la respecter, vivre avec elle et non contre elle », écrit l'éditorialiste d'une revue spécialisée.

Alors que 88 % des camping-caristes sont propriétaires de leur véhicule, je fais partie d'un nouveau public hétéroclite de « primo-locataires » qui a augmenté de 50 % depuis le déconfinement. Véritable bulle roulante, le camping-car permet de maîtriser son degré d'exposition par rapport à l'extérieur, mais ce seul aspect sanitaire ne suffit pas à expliquer son succès.

Propulsé par la culture *normcore* (l'hyper-normalité érigée au rang d'esthétique d'avant-garde), cet ancien marqueur de la franchouillardise tendance bob Ricard s'est progressivement inscrit dans la pop culture, au point de figurer – au même titre que les claquettes – un sommet de coolitude paradoxale. Seuls 13 % des gens trouvent encore ça ringard (sondage OpinionWay, mai 2020). N'est-ce pas à bord d'un camping-car que « Fourchette », le personnage central de *Toy Story* 4, démarre son voyage initiatique ? « Vous avez une petite douche extérieure si vous voulez vous rincer les pieds. Pour vidanger les eaux grises, il faut tirer ici. C'est un système de guillotine », me dit le type de la concession de Brive où j'ai loué mon véhicule, en m'indiquant une poignée qui émerge de sous la carlingue.

« En prime, il y a une crotte d'oiseau sur la porte d'entrée », fait-il remarquer, tout sourire. Va-t-il la nettoyer avant de nous passer les clés ? Absolument pas : on est ici en plein dans l'idéologie du réensauvagement. Si ce n'était un brin cracra, je dirais presque que cette décontraction fait du bien.

« N'oubliez pas de fermer le gaz pendant que vous roulez et attention au porte-à-faux ! », ajoute-t-il, en guise d'ultime recommandation. Le porte-à-faux, cette excroissance de carrosserie située entre l'essieu arrière et l'extrémité du véhicule, a ici la taille d'un studio parisien et peut facilement arracher un panneau lors d'un virage mal négocié.

« On se croirait dans le vaisseau de Star Trek ! », s'exclame mon neveu copilote, traduisant l'excitation enfantine qui plane dans l'habitacle. Effectivement, il y a là des dizaines de boutons et de voyants lumineux dont j'ai presque instantanément oublié à quoi ils servaient. Dix minutes de formation, c'est un peu court.

Le mythe de la caverne roulante

Notre première nuit en camping-car a eu pour préalable d'intenses tractations entre les deux grands pour savoir qui aurait « le lit du haut » – c'est le doyen qui a finalement eu droit aux honneurs sommitaux. Après avoir escamoté la table du salon, les enfants ont fait descendre le lit pavillon et les deux couchettes superposées, grâce aux commandes électriques installées sous l'évier. Monter, descendre, monter, descendre : ayant épuisé un peu plus tôt les potentialités divertissantes du klaxon, ils ont trouvé là une nouvelle source de fun. « Arrêtez de jouer ! », ai-je grommelé, de peur que la batterie ne se décharge.

Dans le soleil couchant de la Roque-Gageac (Dordogne), d'énormes montgolfières multicolores ont survolé en rase-mottes notre base de vie, où chaque recoin se plie et se déplie comme dans un origami. Un des personnages du film d'animation *Le vent se lève* (Hayao Miyazaki), que nous avons regardé avant de dormir, a alors posé cette étrange question : « Si vous aviez le choix, vous opteriez pour un monde avec des pyramides ou sans pyramides ? » Le matin, alors que ma petite troupe était encore endormie, j'ai bu ma première Ricoré. Puis je me suis contorsionné pour aller aux toilettes.

L'extrême promiscuité des lieux où chaque centimètre carré est compté n'est pas sans rappeler la condition d'astronaute. D'une certaine manière, le camping-cariste est un lointain cousin de Buzz Aldrin en claquettes et pantacourt. L'analogie prend un sens particulier lorsque le véhicule est en marche. Comme dans une station spatiale où tout doit être arrimé à cause de l'apesanteur, il faut impérativement que chaque objet soit calé et chaque porte verrouillée avant le départ. Parce que les forces du cosmos semblent s'appliquer ici de manière décuplée, une simple boîte de thon giclant d'un placard mal fermé peut, dans un virage, se transformer en projectile létal.

« Papa, moi j'aimerais rester dans le camping-car toute ma vie ! », m'a dit mon plus jeune fils, alors que nous prenions la route en direction de la grotte de Rouffignac. Grâce à un petit train électrique, nous nous sommes enfoncés sous terre pour découvrir cette vaste cavité, fréquentée jadis par les ours et les artistes préhistoriques. Ces derniers y ont tracé il y a 15 000 ans un impressionnant bestiaire, dont une centaine de mammouths aux contours noirs et précis, témoignages d'un climat disparu. Une des caractéristiques de cet art pariétal, auquel certains théoriciens prêtent une dimension chamanique, est que l'être humain n'y est presque jamais représenté.

Tout cela rappelle à certains égards l'étrange fantasme du camping-cariste, dont l'ambition pourrait se résumer ainsi : réussir le prodige de voir le monde tel qu'il serait en l'absence de toute présence humaine. Dans les magazines spécialisés, le véhicule est donc représenté au cœur de paysages vierges, avec l'idée sous-jacente que cette immonde verrue, condensé de la société technologique, pourrait à tout moment s'abstraire du panorama sans laisser de trace. Voilà pourquoi le camping-car n'est pas qu'un loisir de plein air, mais aussi une opération psychique complexe dont l'ambition secrète est de nous donner accès à la vérité originelle du monde. Une sorte de mythe de la caverne sur quatre roues, en somme.

Pour autant, ces considérations philosophico-routières ne doivent pas nous empêcher d'aller acheter des merguez. Ce que nous entreprenons après avoir rallié la bastide de Monflanquin (Lot-et-Garonne). Nous nous ravitaillons au Casino du coin où, malgré mon avis contraire, les enfants achètent d'encombrantes mitraillettes en plastique. Grâce à l'appli « Park4night », nous trouvons ensuite un stationnement gratuit pour la nuit sur l'anneau de bitume qui fait le tour du village. Et là, accoudés à une table en bois offrant une vue imprenable sur un cimetière et une cuve de gaz (oui, c'est vrai, il y a aussi un château au loin), nous pique-niquons.

Afin de digérer notre menu de chasseur-cueilleur post-historique à base de Pringles et de Knacki, nous partons en excursion jusqu'au cœur du village. La place centrale ceinte d'arcades est si belle qu'elle nous inspire immédiatement une partie de foot. Voilà résumé l'un des charmes indéniables du camping-car : être partout chez soi, étirer au maximum les frontières du monde habitable. À Monflanquin, nous sympathisons avec un cafetier multi-casquettes à l'allure de d'Artagnan, qui se présente comme « archéologue » et « peintre ».

Ce soir, en vertu d'une règle d'apéros tournants que nous avons établie dès le départ, il revient à mon plus jeune fils de payer son coup. « C'est combien ? », demande-t-il, en ouvrant fièrement son porte-monnaie. « 250 euros ! », lui répond le cafetier, rigolard. « Choisis la pilule bleue, et tout s'arrête. Après tu pourras faire de beaux rêves et penser ce que tu veux. Choisis la pilule rouge : tu restes au pays des merveilles. Et on descend avec le lapin blanc au fond du gouffre », propose, quelques instants plus tard, l'énigmatique Morpheus, alors que nous regardons *Matrix*, calfeutrés derrière les volets occultants du camping-car. Cette nuit-là, peut-être troublé par les bruits extérieurs, je fus envahi par l'étrange sensation que l'on nous siphonnait le réservoir.

« Et s'il y avait un trésor sous la dune du Pilat ? »

Lorsqu'on peut aller partout, que la carte se déploie sous la gomme des pneus en une infinité de possibles, il faut se trouver de bonnes raisons d'aller quelque part. En l'occurrence, c'est une promesse grandiloquente faite à mon fils cadet qui a déterminé l'itinéraire du jour : « Tu vas voir le plus gros tas de sable de France ! », lui ai-je dit, sans savoir qu'il s'agissait en fait du plus gros tas de sable d'Europe. Nous avons donc quitté Monflanquin, direction la dune du Pilat (Gironde), à quelque 200 kilomètres de là.

Pour qui aime conduire, le camping-car procure un plaisir particulier. Perché en hauteur, vous surmontez la route tel un empereur du bitume. Sous un ciel plein de gros nuages aquarellés, les kilomètres défilent, produisant une sorte d'hypnose visuelle que rythme la succession métronomique des platanes, des champs de tournesols, des renards aplatis, des pubs Dubonnet, des gendarmes derrière les buissons, des cyclistes, des tracteurs, des renards aplatis... Autant d'instantanés d'une France authentique qui laissent accroire, en cette période d'incertitude, à la possibilité d'un temps suspendu.

Alors que *Couleur café,* de Serge Gainsbourg, tourne sur l'autoradio, les verres qui s'entrechoquent contre la casserole à l'arrière donnent le sentiment d'avoir embarqué un *jazz-band* clandestin. Quand il n'est pas en train de me poser des équations à trois inconnues ou de me lire les indications d'itinéraire qui s'affichent sur l'écran du smartphone (nous n'avons pas de GPS embarqué), mon neveu, un petit gars très brillant, fait pivoter sa prémolaire qui ne tient plus qu'à un fil et, avec son air soudain de vieux loup de mer, profitant que ses cousins dorment, partage avec moi ses plus intimes secrets : « Tu connais les Crosti cœur fondant choco noisettes ? C'est excellent ! »

C'est lors d'une halte où nous avons mangé des pâtes au chorizo assis à même le trottoir d'un parking SNCF, puis tenté en vain d'aider un bourdon agonisant, que cette symphonie routière a commencé à se dérégler. En faisant la vaisselle, j'ai vu un filet d'eau émerger de sous les placards de la cuisine. Le siphon de l'évier venait de se décrocher. Les enfants ont alors commencé à se battre, pour savoir qui mangerait le dernier nounours à la guimauve, vestige d'un paquet offert par une accorte camping-cariste, que j'ai fini par couper en trois (le nounours, hein, pas la camping-cariste).

« Arrête de lui tirer les cheveux !, ai-je dit au plus grand, alors que nous avions recommencé à rouler.

— Mais il me crache dessus... », a-t-il argumenté, en se plaignant du plus petit.

On aurait pu espérer que les choses se calment en arrivant à la dune. Elles ont au contraire empiré. Après avoir atteint le sommet de cet incroyable amoncellement de grains de sable culminant à 110,5 mètres de hauteur, mon fils aîné et son cousin se sont empoignés, tels deux himalayistes rendus ivres par l'altitude. Et le premier est tombé de tout son poids sur l'épaule du second, qui s'est mis à hurler. Sans l'incroyable élasticité des articulations enfantines, nous aurions fini la journée aux urgences.

Après avoir fait des cascades à la Matrix en tentant d'imiter le mode « bullet proof » (une sorte de super-ralenti), le grand a eu soudain une illumination : « Et s'il y avait un trésor sous la dune du Pilat ? » Ce à quoi le plus jeune, occupé à se remplir les poches de cette matière fluide et solide à la fois, a répondu : « Moi, je crois que ce sont les grains qui sont en or. Le trésor, C'EST LA DUNE ! »

Les enfants n'ont pas besoin de psychotropes pour laisser leur esprit surfer sur les clins d'œil que la vie leur fait. Chez eux, le merveilleux succède au drame avec une incroyable fluidité. Cette souplesse psychique, qui permet de sauter du coq à l'âne sans s'embarrasser émotionnellement du passé immédiat, est une qualité que l'on perd généralement en grandissant.

Entre les embrouilles qui s'accumulent, le soleil qui me bastonne le crâne et l'angoisse de ne pas savoir où passer la nuit, je suis dans des dispositions bien moins virevoltantes. Comme moi, le camping-car est à bout de souffle. Toutes ses variables, ou presque, sont dans le rouge. Nous manquons d'eau, d'électricité, les toilettes sont pleines...

Après avoir dévalé le gros tas de sable que mon jeune fils a rebaptisé « la dune du Pilates », nous affalons les voiles au camping le plus proche. Là, une fois branché le véhicule à la prise secteur, nous lançons un apéro dînatoire dans l'habitacle, car la pluie menace. À peine ai-je précisé qu'il fallait faire attention à ne pas « renverser son verre » que mon fils aîné, en un geste malheureux, fait tomber l'intégralité de son jus de pomme sur le tissu immaculé du canapé.

Envahi par une bouffée d'autoritarisme, nerveusement épuisé, je me mets à hurler et lui ordonne d'aller faire la vaisselle au bloc sanitaire. « Je suis pas la boniche ! », me répond-il. Mauvaise pioche dans le grand catalogue des reparties possibles. La tension monte encore d'un cran. Le maladroit part avec sa pile d'assiettes, suivi de son frère.

Quelques minutes plus tard, je vais voir où ils en sont. Mais, arrivé au bloc sanitaire, personne. Je parcours à grande enjambée les allées du camping en les appelant, sans succès. « Ohé ! » Il fait nuit noire ; j'ai peur d'avoir perdu mes enfants à jamais.

L'épreuve des W-C chimiques

Parce qu'elle est une gymnastique nomade, la vie de camping-cariste permet de se tenir à distance de l'aigreur comparative qui empoisonne souvent la vie pavillonnaire (« Regarde-moi leur véranda, elle est quand même moins bien que la nôtre ! »). Avec ce 9 m^2 sur pneus fonctionnant comme la cabine de téléportation quantique du *Doctor Who*, on se matérialise à loisir dans l'espace et le temps, et, du coup, on change perpétuellement de voisins : les côtoyer si furtivement ne laisse pas assez de temps pour se focaliser sur leurs travers.

Clé de voûte de cette vie itinérante, l'autre n'incarne plus une menace qui justifie le repli sur soi derrière un rempart de sapinettes, mais figure une occasion chaque fois renouvelée d'ouverture. Voilà pourquoi nos congénères ne cessent de nous saluer d'un geste amical de la main lorsqu'ils nous croisent sur la route – et nous les saluons en retour. Ce rituel est généralement accompagné, à l'intérieur de notre habitacle, d'un cri de ralliement : « CAMPING-CARISTE ! »

Preuve supplémentaire de cette fraternité, en cette matinée baignée de soleil, c'est un retraité drômois, rencontré quelques instants plus tôt, qui empoigne à pleines mains la caisse de mes W-C chimiques et la secoue aussi énergiquement qu'une bouteille d'Orangina, pour en expédier le contenu marronnasse dans une bouche d'évacuation. « Il faut bien la rincer, jusqu'à ce que l'eau ressorte claire. Je vous conseille d'acheter des gants », me dit mon camarade, dont le sens de l'abnégation force le respect.

Peut-être ce fameux « esprit camping-car ». « Vous savez, ajoute mon nouvel ami, comme s'il me déroulait sa fiche Wikipédia, durant toute notre carrière de commerçants, ma femme et moi, on n'a pas pris plus de cent jours de congé. Quand je suis parti à la retraite, je me suis offert un camping-car pour rattraper le temps perdu. Maintenant, je suis tout le temps en vacances. »

Depuis la soirée orageuse de la veille, à l'issue de laquelle j'ai fini par retrouver mes enfants faisant la vaisselle dans la semi-pénombre d'un bloc sanitaire, je me sens un peu mal. Fallait-il vraiment hurler sur mon fils pour un simple verre de jus de pomme renversé sur le canapé ? Je ne crois pas. Histoire de me faire pardonner, je régale ma troupe (hamburger et pizza au resto du camping), mettant cet incident sur le compte de la « charge mentale » inhérente à ma nouvelle vie.

Comme ma femme n'a pu se joindre à nous, c'est moi qui dois assumer seul toutes les tâches, penser au moindre détail, et cette expérience me permet de mesurer l'étendue de tout ce qu'elle accomplit au quotidien. À cela s'ajoute le soin incessant que le véhicule nécessite. Presque comme un organisme vivant, il faut en surveiller les variables, en purger les humeurs. Après avoir rechargé la batterie, rempli le réservoir d'eau, vidangé la douche, nous nous arrêtons quelques kilomètres plus loin dans un supermarché pour changer la bonbonne de gaz. Puis, sans plan précis, mettons le cap vers les Landes.

Nous arrivons en fin d'après-midi dans une aire de stationnement à Contis-Plage. Autour de nous, garés en rangs d'oignons, des camping-cars à perte de vue. Ce tableau résume parfaitement le paradoxe inhérent à une telle pratique : désireux de se repaître de paysages vierges, l'adepte de la maison roulante, lorsqu'il jette un œil par la fenêtre, ne voit bien souvent qu'un simple reflet de lui-même. Un autre camping-cariste, poursuivant, sur un coin de parking, sa quête désespérée d'un panorama immaculé. Mais cette quête est-elle si chimérique ?

Après que les vagues de l'Atlantique ont rafraîchi nos corps en surchauffe et que mon plus jeune fils a fait le plein de coquillages, nous décidons d'aller prendre l'apéro dans la petite paillote qui borde la plage. Ici, très peu de masques ; l'hédonisme océanique et le rosé semblent avoir rayé le coronavirus de la carte mentale. Surfeurs ruisselants, vacanciers en chemise hawaïenne, serveur diva : tout le monde est occupé à surjouer son rôle, à produire un « cool » au parfum de synthèse qui doit ressembler à l'idée que l'on s'en fait.

En regagnant le campement, je me dis que le camping-car, ce mode de vie au premier degré, où l'on peut porter des claquettes en plastique sans penser à l'image qu'on renvoie, n'est pas qu'un rempart contre le virus, mais également contre cette quête forcenée d'authenticité qui rend le monde si *fake*. Par ce détachement, le camping-cariste réussit finalement à accéder au paysage inaltéré qu'il convoite, mais un paysage en réalité intérieur, débarrassé de tout surmoi stylistique. Nuit bruyante, fêtards déchaînés.

Le lendemain, en direction de Saint-Jean-de-Luz, un cycliste nous signale par de grands gestes une fenêtre ouverte. Que mon neveu ferme, avant d'être pris d'une soudaine bouffée de mégalomanie statutaire : « Je suis copilote, j'ai plus d'autorité que toi ! », dit-il à son cousin, sentant que son règne touche à sa fin. Arrivés au Pays basque, après avoir établi notre campement sur le parking d'une maternelle, c'est un peu honteux que j'ai rendu à mon beau-frère et ma sœur, en villégiature ici pour quinze jours, leur fils camping-cariste. Vivant, certes, mais transfiguré, passé du blanc endive au rouge écrevisse le temps d'une odyssée.

Sommes-nous une aberration écologique ?

Après avoir jeté nos dernières forces dans les vagues de Saint-Jean-de-Luz, nous avons décidé d'une halte dans la périphérie de Pau, chez un oncle et une tante, les adorables Guy et Cathy. Un peu éberlués, ils nous ont vus sortir rouge pivoine et épuisés d'un camping-car rempli de sable, tels des nomades venant d'effectuer une longue traversée du désert. Au cœur de cette oasis béarnaise où poussent les kiwis, nous avons pu profiter de leur grande baignoire et de leurs talents culinaires pour nous refaire une santé.

Mais si cet accueil nous a ragaillardis, le lendemain, lorsque j'ai tenté de le démarrer, c'est le camping-car qui s'est retrouvé complètement à plat. Plus de jus. J'ai alors appelé le loueur, qui m'a renvoyé vers l'assureur, lequel m'a réorienté vers le constructeur. « On vous envoie quelqu'un. Pour votre problème de siphon d'évier, je vous conseille de reprendre contact avec le loueur ; nous ne gérons que la partie moteur », a dit le constructeur, très pointilleux sur les attributions de chacun. Grâce à des câbles, le dépanneur a finalement remis le véhicule en route.

Ces deux jours d'immobilisation auront permis aux enfants de sortir de leur existence en vase clos. Comme sa passion pour l'ornithologie s'est affermie durant le voyage à force de croiser des rapaces, mon fils aîné, ayant accédé, en lieu et place de son cousin, au statut envié de copilote, a profité de cette halte pour bricoler une cabane à oiseaux. Autre satisfaction : après une semaine de voyage, nous ne sommes pas devenus un cluster ambulant. Les variables « vitales » du camping-car remises à flot, l'aspirateur passé, les portes de placard verrouillées, nous avons donc repris la route pour notre dernière étape. Au programme : la traversée des Pyrénées.

Sur les routes sinueuses, des messages anti-ours peints à même le bitume confirment que nous sommes bien – pour reprendre un slogan touristique local – au cœur de « la frontière sauvage ». « Vas-y papa, fonce ! », ont hurlé mes enfants, quand je tentais péniblement de doubler un camion lancé à vive allure dans la montée vers le tunnel du Somport. L'envie d'épater sa progéniture fait parfois faire n'importe quoi. Dans un ultime effort, la carcasse du camping-car vibrant telle une cymbale, j'ai eu raison du poids lourd, avant de constater dans les rétroviseurs qu'il avait finalement tourné à droite. Comme beaucoup de bras de fer, celui-ci fut d'une absolue futilité. Mais la vie est parfois faite de ces pulsions débiles, qui peuvent laisser place, l'instant d'après, à la contemplation.

Abandonnée en pleine montagne, la gare internationale de Canfranc est une gigantesque bâtisse aujourd'hui en cours de réhabilitation. Tomber sur un édifice si majestueux, perdu dans un repli géologique à 1 200 mètres d'altitude, a quelque chose de féerique, comme si l'on découvrait au détour d'un virage une Atlantide ferroviaire. Nous avons donc fait des selfies devant la gare et, dans la boutique d'en face, acheté du chocolat aux myrtilles et un garde civil mécanique, avançant au pas cadencé.

Dans cette Espagne cramée de soleil, sur fond de champs jaune vif, notre voyage a alors pris une tournure camping-picaresque. Mon donquichottisme à moi a consisté à freiner à la vue du moindre papillon, pour éviter que la courte vie de ces poèmes volants ne s'achève prématurément. Mais à chaque arrêt, j'ai constaté avec effroi qu'un grand nombre d'insectes avait tout de même fini écrasé contre la carlingue. Bucolique à certains égards, notre épopée est, à une autre échelle, un véritable carnage.

Sommes-nous une aberration écologique ? Pas si sûr, si on prend soin de se comparer à pire. D'après une étude publiée en 2015 par le professeur Paolo Fiamma de l'université de Pise[58], les émissions de CO_2 d'un voyage en camping-car de 1 000 kilomètres avec six personnes à bord seraient inférieures de 65 % à celles du combo voiture-hôtel. Il est clair que les ressources limitées du véhicule invitent à une consommation très parcimonieuse d'eau et de gaz. Il est tout aussi limpide que, devant le bus qui me fait face dans ce virage escarpé et en épingle, je n'ai d'autre choix que d'entamer une périlleuse marche arrière. Un instant, la nitroglycérine en moins, j'ai eu l'impression d'être Charles Vanel dans *Le Salaire de la peur*.

---

58 https://arpi.unipi.it/handle/11568/782859#.YGcso2g692Z

Au son de *Cambodia*, de Kim Wilde, nous arrivons enfin dans le petit bourg de Boltaña (Aragon). Non loin de là se trouve el Coño del mundo, que l'on pourrait traduire par « la vulve du monde », une concrétion calcaire qui ressemble à un gigantesque sexe de femme (ou, au choix, à un tableau de Gustave Courbet). Est-ce mon inconscient qui m'a poussé jusque-là ? Nous stoppons finalement au camping du village et commandons des calamars frits.

Le lendemain, une baignade vivifiante dans le torrent nous donne l'occasion de poursuivre sous l'eau un énorme poisson qui slalome entre les bulles d'oxygène ; j'éprouve une joie intense d'être là, au cœur des phénomènes, avec mes enfants. Pour boucler ce road trip de 1 500 kilomètres, il va falloir traverser à nouveau les Pyrénées. « Sous le tunnel, n'oublie pas de respecter la distanciation sociale entre les camping-cars », blague mon fils aîné, alors qu'une longue file de véhicules identiques au nôtre s'étire sur l'asphalte brûlant.

POSTFACE. UN PÈRE TRANSVERSAL

Pour les provinciaux, *Le Monde*, quotidien du soir, est le journal du matin. Ses lecteurs sont ritualisés : ainsi, jusqu'à il y a peu de temps, le premier regard se portait en bas, à gauche, vers le dessin de Plantu. Avant, il y a longtemps, on passait à la dernière page pour lire, en haut, à gauche, la chronique de Sarraute. Mais, gaffe au passéisme, car un quotidien c'est justement du présent interprété, éclairé par le passé pour imaginer l'avenir.

Tiens, justement, aujourd'hui le n° 23731 du dimanche 25-lundi 26 avril 2021 comporte son supplément « l'Époque » et, immédiatement, nous partons à la recherche de « Parentologie », la chronique de Nicolas Santolaria dont nous sommes devenus addicts ! Ce jour-là, cadeau de l'éditrice, les épreuves du futur ouvrage à paraître, celui que, chanceux, vous tenez actuellement, entre vos mains. Ces textes sont de la veine, tant pis si le rouge lui vient aux joues, de Jean Piaget. Comme le grand psychologue du développement de l'enfant (Piaget observait ses trois enfants et Santolaria ses deux fils), tout part de leurs observations avec l'idée commune que l'enfant a un mode de pensée qui le distingue totalement de celui de l'adulte. Donc, on apprend des enfants que l'on croit éduquer. Du Winnicott aussi, le plus grand ! Avec l'idée d'être des parents imparfaits. Une bonne mère est donc « suffisamment bonne » et surtout pas parfaite – un texte, relisez-le, magnifique sur le « Doudou », Freud partout mâtiné de lacanien, Anna sa fille aimée et Melanie Klein. Quelques zests de John Bowlby, et l'apport sociologique et philosophique, une note phénoménologique épatante.

Vite, dès l'introduction, hommage à son épouse. Ouf ! On aurait pu penser à un père isolé. Mais la belle déclaration d'amour nous rassure. Son sujet consiste dans une exploration des nouveaux pères. Bien loin du patriarcat autoritaire et vertical. Ici, la transversalité s'impose, comme un discours syndical, familial et démocratique. Je rêve qu'il revienne quand ils seront adolescents pour vérifier l'apport de cette belle et nouvelle relation père/enfants. Car la féminisation remarquable de ces nouveaux pères pose la question théorique du 1/3 séparateur alors que maintenant ils sont plutôt 1/3 médiateur. Les mères pour défusionner les enfants des pères ?

On se prend à dialoguer inconsciemment avec Nicolas (ce qui explique la familiarité de mon propos). Oui ! Les dessins affichés avec ceux de notre propre enfance et puis l'idée de retourner à Vérone, où, au Musée Scaliger, on peut voir une jeune fille nous montrer un dessin de bonhomme, de la Renaissance, alors que tous ces dessins ont disparu.

L'originalité de son approche renforce sans cesse l'intérêt de la lecture. Françoise Giroud nous avait confié, que pour une chronique, l'important c'est l'entame et la chute et Nicolas Santolaria excelle dans l'exercice. Une célèbre psychanalyste, élève de la grande Françoise Dolto, nous livrait son intérêt pour la série *Dr House* qu'elle utilisait pour ses formations. Eh bien, cet ouvrage servira, je suis sûr, à tous les professionnels de l'enfance, car le normal permet d'éclairer le pathologique. Voilà enfin de l'optimisme, de l'humour, une culture non pédante, inscrite dans le quotidien et le génie de l'enfance. Vous êtes, au terme de votre lecture, comme moi, des supporters de Nicolas Santolaria et, comme le disait si bien Paul Valéry, il y a bien sur terre deux sortes d'êtres : ceux qui se souviennent de leur enfance et ceux qui croient l'avoir oubliée. Cet ouvrage est un vaccin psychologique pour ne courir aucun risque d'oubli. Merci.

Pr Marcel Rufo

REMERCIEMENTS

Parue toutes les deux semaines dans les pages « l'Époque » du Monde, cette chronique « Parentologie », dont ce recueil est issu, est une idée qu'Éric Collier et Clara Georges m'ont soufflée à l'oreille. Je les remercie ici très chaleureusement pour cela, et pour bien d'autres choses encore. Grâce à eux, j'ai pu en toute liberté faire part de mes états d'âme et de mes réflexions au fur et à mesure que j'avançais dans le difficile métier de papa, cet exercice d'introspection s'étant avéré plus délicat que prévu. La parentalité touche largement à l'intime qui, par définition, n'appelle pas à la publicité, et raconter ma vie de famille sans en dire trop a été un authentique exercice d'équilibrisme. L'équivalent oxymorique, je crois, d'un strip-tease pudique. Merci donc à ma femme et mes deux fils, mes parents, ma sœur, mon beau-frère et leur fils qui sont devenus, parfois un peu malgré eux il est vrai, les figures récurrentes de ces élucubrations éducatives. Je remercie aussi Magali Cartigny, François Couzinier, Rodolph Boutanquoi et Philippe de Kemmeter qui, à leur façon, ont contribué à faire exister cette chronique. Je remercie également Jérôme Fenoglio, directeur du quotidien *Le Monde*, Caroline Monnot, directrice de la rédaction, Marie-Pierre Lannelongue, rédactrice en chef du *Monde Magazine* qui m'ont permis de réaliser ce recueil. Merci à Chloé Pathé mon éditrice pour sa confiance et à Olivier Villepreux. À Matthieu Chiara qui a réalisé les illustrations inspirées de ce recueil (son plan du pliage de couche sera sans doute intégré prochainement aux programmes des écoles de puériculture), Monika Jakopetresvska, Doris Audoux, Antoine Bertrand. Merci enfin au spécialiste de la prime enfance Marcel Rufo, qui, à plusieurs reprises, m'a chaleureusement encouragé dans le récit de cette aventure éducative tâtonnante et dans la définition, sans cesse mouvante, de cette science éducative résolument inexacte. Merci aux enseignants, aux copains de classe, aux autres parents, aux amis, aux collègues, aux disparus et à tous ceux que j'oublie. Merci à nouveau à ma cafetière italienne et à mon clavier Azerty, pour leur implication dans la réalisation de cet ouvrage. Et à Netflix qui, grâce à son offre étendue de dessins animés, a permis de tenir mes enfants au calme pendant que j'écrivais.

BIOGRAPHIE DES AUTEURS

Nicolas Santolaria est journaliste au *Monde*, où il tient la chronique Parentologie pour les pages l'Époque. Il a codirigé *Le Grand Jeu. Débats autour de quelques avatars médiatiques* (PUF, 2004) et est l'auteur, chez Allary Éditions, de *Touriste, regarde où tu poses tes tongs* (2015) et *Comment j'ai sous-traité ma vie* (2017), et chez Anamosa de *« Dis Siri ». Enquête sur le génie à l'intérieur du smartphone* (2016) et de *Le Syndrome de la chouquette. Ou la tyrannie sucrée de la vie de bureau* (2018 ; Points Seuil, 2019).

Matthieu Chiara, l'illustrateur, est l'auteur de *Dessins variés, effets divers* (Le monte en l'air, 2015), *Hors-jeu* (L'Agrume, 2016), *Pulp Mixtions. Petit illustré de la cruauté ordinaire* (Anamosa, 2019). Il dessine régulièrement par la presse.
www.matthieuchiara.com

Marcel Rufo, le postfacier, est pédopsychiatre professeur d'université-praticien hospitalier (PU-PH) émérite et auteur de nombreux ouvrages consacrés à l'enfance.

PARUS AUX ÉDITIONS ANAMOSA

Antoine de Baecque
Les Godillots. Manifeste pour une histoire marchée

Béatrice Barbusse
Du sexisme dans le sport

Cécile Baron & François Ferrier
Avec la participation de Frédéric Alliot. Postface de Jacques-Pierre Amette
Le Louvre insolent

Jean-François Bert
Comment pense un savant ? Un physicien des Lumières et ses cartes à jouer

Thomas Bouchet
De colère et d'ennui. Paris, chronique de 1832

Samuel Boussion, Mathias Gardet & Martine Ruchat
L'Internationale des républiques d'enfants. 1939-1955

Matthieu Chiara
Pulp Mixtions. Petit illustré de la cruauté ordinaire

Fabrice Colin
Le Mirage El Ouafi

Anne Coppel, avec Malika Amaouche et Lydia Braggiotti
Le Bus des femmes. Prostituées, histoire d'une mobilisation

François-Xavier Freland
Mali. Au-delà du jihad

Camille Froidevaux-Metterie
Seins. En quête d'une libération

Sarah Gensburger
Mémoire vive. Chroniques d'un quartier, Bataclan 2015-2016

Zérane S. Girardeau (dir.)
Préface de Françoise Héritier
Déflagrations. Dessins d'enfants, guerres d'adultes

Christophe Granger
Joseph Kabris, ou les possibilités d'une vie. 1780-1822
La Saison des apparences. Naissance des corps d'été

Martin de la Soudière
Arpenter le paysage. Poètes, géographes et montagnards

Laurent Le Gall
A voté. Une histoire de l'élection

Éléonore Lépinard & Sarah Mazouz
Pour l'intersectionnalité

Manon Ott
De cendres et de braises. Voix et histoires d'une banlieue populaire

Jean Palliano
Le Revers de Richard Gasquet

Manon Pignot
L'Appel de la guerre. Des adolescents au combat, 1914-1918

Sarah Rey
Les Larmes de Rome. Le pouvoir de pleurer dans l'Antiquité

Michaël Roy
Léon Chautard. Un socialiste en Amérique, 1812-1890

Carl Sandburg
Traduction de Morgane Saysana. Préface de Christophe Granger
Les Émeutes raciales de Chicago. Juillet 1919

Nicolas Santolaria
« Dis Siri ». Enquête sur le génie à l'intérieur du smartphone
Le Syndrome de la chouquette. Ou la tyrannie sucrée de la vie de bureau
Théorème de la couche-culotte. De l'éducation comme science inexacte

Victoria Vanneau
La Paix des ménages. Histoire des violences conjugales, XIXe-XXIe siècle

Olivier Villepreux
Sur l'herbe verte de l'hippodrome
Horizons ultimes. L'odyssée des voiliers volants **(direction d'ouvrage)**

Olivier Villepreux, Samy Mouhoubi & Frédéric Bernard
Débordements. Sombres histoires de football, 1938-2016

Léonard Vincent
Les Hommes du ministère

COLLECTION « LE MOT EST FAIBLE »
Dirigée par Christophe Granger

Ludivine Bantigny
Révolution

Thomas Bouchet
Utopie

Cécile Canut
Langue

Déborah Cohen
Peuple

Laurence De Cock
École

Laurent Fonbaustier
Environnement

Samuel Hayat
Démocratie

Guillaume Mazeau
Histoire

Sarah Mazouz
Race

Arnaud Saint-Martin
Science

Olivier Villepreux
Journalisme

REVUE *SENSIBILITÉS.*
HISTOIRE, CRITIQUE & SCIENCES SOCIALES
Comité de rédaction : Quentin Deluermoz,
Thomas W. Dodman, Anouche Kunth, Hervé Mazurel,
Clémentine Vidal-Naquet

Anatomie du charisme **(n° 1)**
Les Sens de la maison **(n° 2),**
coordonné par Arlette Farge, Hervé Mazurel
& Clémentine Vidal-Naquet
Corps au paroxysme **(n° 3),**
coordonné par Quentin Deluermoz, Christian Ingrao,
Hervé Mazurel & Clémentine Vidal-Naquet
La Société des rêves **(n° 4),**
coordonné par Bernard Lahire & Hervé Mazurel
Controverses sur l'émotion.
Neurosciences & sciences sociales **(n° 5),**
coordonné par Quentin Deluermoz, Thomas W. Dodman
& Hervé Mazurel
Les Paradoxes de l'intime **(n° 6),**
coordonné par Arlette Farge
& Clémentine Vidal-Naquet
La Chair du politique **(n° 7),**
coordonné par Ludivine Bantigny,
Déborah Cohen & Boris Gobille
Et nos morts ? **(n° 8),**
coordonné par Anouche Kunth,
Stéphanie Sauget & Clémentine Vidal-Naquet

REVUE DE MUSIQUE *DELTA T*
Rédacteur en chef : Olivier Villepreux

5 numéros disponibles

Anamosa

Direction éditoriale
Chloé Pathé

Direction artistique
Monika Jakopetrevska

Diffusion-distribution
Volumen-Interforum

Achevé d'imprimer en mai 2021 sur les presses de l'imprimerie Corlet,
à Condé-en-Normandie, pour le compte des éditions Anamosa,
12, rue de Cotte, 75012 Paris.
www.anamosa.fr

Dépôt légal : juin 2021
ISBN : 979-10-95772-91-0